企业预算松弛的
经济后果

ECONOMIC CONSEQUENCES OF
BUDGET SLACK IN ENTERPRISE

余思明 著

社会科学文献出版社
SOCIAL SCIENCES ACADEMIC PRESS (CHINA)

序

　　中国上市公司预算松弛的研究方兴未艾，尤其是在中国企业愈加强调管理会计重要性的背景下，研究预算管理行为对公司各项经营决策的影响对于提高管理绩效和提升企业价值具有重大意义。《企业预算松弛的经济后果》是一本对当下中国企业管理实践中一个重要而复杂问题——预算松弛——进行深入探讨的著作。从中，我深刻感受到了作者对预算松弛现象细致入微的分析，以及他对这一主题深邃的理解，这本书为我们理解预算松弛提供了新的视角。

　　在武汉大学求学期间，余思明博士花费大量心血且最能体现其研究素养的博士学位论文《预算松弛的经济后果研究》，在答辩时得到了专家的高度评价，他们认为该文研究有深度、理论有创新，是一篇优秀的博士学位论文。本书便是在此基础上，多番修订而成，是他披沙沥金、潜心研究的成果。

　　预算松弛作为一种普遍存在于企业管理实践中的现象，一直以来都是学术界和业界关注的焦点。它涉及企业预算编制的真实性和透明度问题，对企业的长远发展和健康运营具有重大影响。本书不仅对预算松弛的概念进行了全面的界定，而且基于中国上市公司披露的预算数据深入探讨了预算松弛在不同企业运营层面的多维影响，如风险承担、创新能力和股价稳定性等，有助于读者对预算松弛行为有更清晰的认识。此外，进一步厘清了预算松弛对公司产生影响的作用方式和影响路径，为分析预算松弛产生的经济后果提供了相关的经验证据。

通观书稿，创新性主要体现在两个方面：理论研究与实证研究。

在理论研究部分，主要对预算松弛的多方面影响进行分析。首先，从预算松弛的角度出发，探讨了管理层利用管理会计工具获取资源的能力对风险承担的影响，为实务界解决预算松弛问题提供了新的思路。其次，发现预算松弛抑制了企业的创新，同时发现会计信息质量削弱了预算松弛对企业创新的抑制效应，丰富了已有的研究文献。最后，研究了预算松弛对企业财务资源弹性、盈余管理程度以及股价崩盘风险的影响，提出适度的、可实现的预算松弛有助于应对股价崩盘风险，并提倡合理监管以发挥预算松弛的优势。

在实证研究部分，作者揭示了预算松弛这一行为对企业运营管理的"双刃剑"效应。在某些情况下，预算松弛可能推动企业更加注重长期发展和风险管理；而在其他情况下，它又可能导致企业创新能力的抑制和股价的不稳定。这种深入的分析为理解预算松弛的经济后果提供了新的视角，也为企业管理者和政策制定者处理预算问题提供了宝贵的参考。

更为重要的是，本书不仅停留在理论分析层面，它还提供了风险承担、企业创新与股价崩盘风险相关的对策和建议，指出了在实际操作中如何有效管理预算松弛，以及如何利用其积极影响同时避免或减少其负面效应。这些实践性的建议将对推动我国企业管理实践的进步产生积极影响，研究结论也对完善预算管理、处理预算编制过程中的预算松弛行为具有一定的政策启示意义。

总而言之，《企业预算松弛的经济后果》一书是对当前中国企业预算管理问题的深刻剖析，它通过严谨的方法和深入的分析，为我们全面理解预算松弛现象提供了宝贵的见解。这不仅丰富了预算管理领域的学术研究，也为实务界提供了宝贵的经验。余思明博士的工作将为企业预算管理的改进和优化提供有益的借鉴，也对企业实践具有一定的指导意义。我相信，这本书将成为预算管理领域的重要参考资料，对于研究和实践这一主题的学者和管理者都将是一份不可多得的资源。

李青原

武汉大学教授

教育部"长江学者奖励计划"特聘教授（2021）

2023 年 12 月 13 日

前　言

　　预算松弛是指在编制预算时，预算人员有意低估产能或收入，或者有意高估资源或成本的行为。这种行为在我国企业中普遍存在，成为学术界和实务界重点关注的问题。虽然近几年国内学者围绕预算管理进行了广泛的研究，并且取得了丰富的成果，但仍存在以下不足：首先，企业的生产、销售、投资、研发等日常经营活动都会涉及预算管理行为，但现有学者主要从单一层面研究了预算松弛的影响因素与经济后果；其次，现有关于预算松弛的观点有权变理论下的有益论以及代理观下的有害论两种截然相反的观点。在预算松弛的经济后果方面，学者主要以预算松弛的代理观为基础，探讨了预算松弛对企业的消极影响，如预算松弛会引起盈余管理、业绩操纵等行为。由于缺乏预算松弛方面的数据，目前学术界对预算松弛的研究不够系统、深入，使得预算松弛问题一直是困扰学术界和实务界的难题之一。

　　因此，本书从企业内部视角研究了预算松弛对企业风险承担与企业创新的影响，以及从外部资本市场角度研究了预算松弛对企业股价崩盘的影响，为分析预算松弛对企业产生的经济后果提供了经验证据。总体来看，本书的研究发现预算松弛对上市公司的经营管理行为起到了"双刃剑"作用。

　　第一，企业编制松弛的预算能够提升企业的风险承担水平，驱使管理层更注重公司长期利益，证实了预算松弛的有益论。

同时，还发现高管薪酬激励和在职消费均抑制了预算松弛对企业风险承担的积极作用。并且相对于国企，预算松弛的企业风险承担效应在民企更明显，高管薪酬激励的抑制作用在民企表现得更明显；企业风险承担水平越高，越有可能通过编制松弛的预算来提升企业价值。

第二，预算松弛能显著抑制企业创新，但是高质量的会计信息降低了股东同管理层之间的信息不对称程度，进而削弱了预算松弛对企业创新的抑制作用。进一步按照产权性质和代理问题严重程度划分样本进行分析，发现预算松弛对企业创新的抑制作用在国企和代理问题严重的企业表现得更明显，而会计信息质量对二者的正向调节作用在民企和代理问题严重的企业表现得更明显。

第三，预算松弛会增强企业的财务资源弹性、提高企业的盈余质量，从而会降低企业的股价崩盘风险，这在管理层编制适度的、可实现的松弛预算时效果更显著。另外，预算松弛会通过降低公司股价崩盘风险而提高公司市场溢价和促进公司市值增长，并且通过增强公司财务资源弹性和提高公司盈余质量而降低公司市场溢价，抑制公司市值增长。

本书的理论贡献在于以下方面。第一，通过探讨预算松弛是否具有风险承担效应，从企业风险承担视角完善了预算松弛的经济后果研究。从预算松弛这一视角出发，研究管理层利用管理会计工具获取资源的能力对风险承担的影响，将管理会计和财务会计相结合，拓展企业风险承担研究框架，为实务界解决预算松弛问题提供新思路，即如果将预算同高管薪酬相挂钩，就会引发管理层代理问题，本书验证预算松弛会通过促进风险投资而增加公司价值。因此，合理的预算松弛是有益的，可以加强监管，充分发挥预算松弛的优势。

第二，研究发现预算松弛抑制了企业的创新，为预算松弛是抑制还是促进创新提供了证据支持，在会计信息质量与企业创新之间加入了预算松弛因素，并且发现高质量会计信息削弱了预算松弛对企业创新的抑制效应，丰富了已有的研究文献，为理论界存在已久的预算松弛有害论和有益论提供了证据支持。

第三，通过研究预算松弛对企业财务资源弹性和盈余管理程度的影响，从预算松弛这一视角，研究了企业内部管理控制手段对企业股价崩盘风险的影响，拓展了预算松弛的经济后果研究以及股价崩盘的影响因素研究，为利用企业内部管理控制手段解决股价崩盘问题提供了依据；并进一步考察预算松弛通过财务资源弹性、盈余管理程度和股价崩盘风险对公司产生的经济后果。因此，适度的、可实现的预算松弛有助于应对股价崩盘风险，合理监管有助于发挥预算松弛的优势。

不得不指出，预算松弛是一个宏大的课题，本书仅从企业风险承担、企业创新和企业股价崩盘等视角探讨了预算松弛的经济后果。由于笔者学术积累有限，书中定会存在不足之处，敬请各位专家和读者批评指正。在本书写作和出版过程中，得到了我的博士生导师唐建新教授的悉心指导和大力支持，在此，表示由衷的感谢。

总体而言，本书适合经济学、管理学、会计学等领域的理论研究人员和社会实践人士阅读和参考。

目　录

第一章 绪论

一 预算与预算松弛

预算最早诞生于政府部门，后来逐渐被企业所引用，成为企业的一种重要管理控制手段，对企业的内部管理活动以及管理层的管理风格和管理方式产生了重要的影响。现代企业以预算的形式对未来的各种经营活动进行了规划，总体来看，企业各种经营活动主要包括应该做什么和需要耗费多少两个方面（文硕和边维华，1989）。因此，预算内容涉及企业的生产经营、投资、创新等各个方面，并受到外部投资者的广泛关注。企业通过预算对各部门与各层员工的资源重新进行了分配，并且将预算目标同部门与员工的薪酬、奖惩等激励机制相挂钩，以充分发挥预算的管理和控制功能。

由于企业内部员工的利益直接与预算相关的奖惩有关，所以预算当事人会做出偏离其本意的行为，从而导致行为紊乱。公司股东使用预算的最初动机就是通过预算来给各个层级的管理层以及员工施加压力，增强其工作积极性，从而增加工作产能和提高工作效率，公司的财务人员同样认为其工作积极性同预算目标直接相关，主要原因在于通过预算目标直接将员工与企业目标联系在一起，基于预算压力，员工在工作中更加努力。因此，学术界将预算压力作为对象进行了大量的研究。其中，以 Argyris（1952）为代表，他是较早研究预算管理过程中博弈行为的学者，其相关的研究推动了管理会计的发展，基于Argyris的研究，预算博弈行为成为 20 世纪的热点问题。后来学者采用实地调研、问卷调查、实验研究等方法，以社会学理论、经济学理论以及心理学理论为基础进行了广泛的研究。

预算松弛是预算博弈行为的结果，主要是指预算人员在编制预算时，有意低估产能或收入，或者有意高估资源或成本的行为。预算松弛在我国企业中普遍存在，成为学术界和实务界重点关注的问题，如潘飞和程明（2007）以我国上市公司的预算松弛为研究对象，发现预算松弛行为在已经披露预算的上市公司中普遍存在，并且是一种严重的代理问题。虽然近几年国内学者围绕预算管理进行了广泛的研究，并且取得了丰富的成果，如国内学者以潘飞和程明关于预算松弛的研究发现为基础，探讨了预算松弛的影响因素（如管理层权力、性别、代理成本等）。但是关于预算松弛经济后果的研究相对较少，且集中于预算松弛会导致盈余管理、业绩操纵等消极后果方面。可见，目前国内关于预算松弛的研究相对匮乏，无法匹配新时代下国企改革攻坚的目标，预算松弛的理论无法适应企业实践发展的需要。

学术界对预算松弛的研究相对较少的一个重要原因在于，预算是公司内部管理控制的重要手段，预算数据很少向外披露，数据难以获得。随着我国证券市场上投资者知识水平的不断提高，资本市场的投资者更加理性，对公司内部管理信息（如预算计划和目标）等的需求越来越强烈。证券市场上的监督者为了保护投资者的利益，为了推动资本市场的健康发展，对上市公司的信息披露问题越来越重视，先后颁布了一系列相关政策来规范公司的信息披露行为，其中就包括公司预算目标的信息披露。

总体来看，我国上市公司预算目标的信息披露经历了从抽象到具体、从无到有的过程。目前，证监会明确界定了上市公司预算业绩目标的内容、时间以及范围等。公司披露预算信息不仅能够降低股东与管理层间的信息不对称程度，也能减弱管理层同外部投资者间的信息不对称性，从整体上提高公司的信息透明度，为投资者和管理层做出投资决策提供充分而及时的信息；预算目标信息也能够降低投资者进行资产估值的成本以及信息搜集的成本，公司在年报中披露预算目标和计划的信息，能够将公司目前与未来的生产情况传递给股东与外部投资者，从而提高资源配置效率。

证监会于2001年颁布的《公开发行证券的公司信息披露内容与格式准则第2号——年度报告的内容与格式》，也被称为"2001年修订稿"，其中的第38条规定：公司的董事会需要在年报中披露下一年度的收入、成本、费用等经营计划和经营预算目标，包括但不限于成本的增减、市场份额的扩大与缩减以及研发投入计划等信息，还应该披露为了完成预算目标与计划采取的行动和策略信息。公司也可以编制具体的盈利和销售预算，但是只要在年报中披露，就必须经过具备从业资格的注册会计师审核。该准则虽然对预算目标的内容做出了规定，但是相对来说约束力不强，只是建议性的措施。

证监会在2002年正式将"管理层讨论与分析"引入公司的定期报告中。证监会在2005年对《公开发行证券的公司信息披露内容与格式准则第2号——年度报告的内容与格式》重新进行了修订，要求管理层对公司未来经营状况的判断在"管理层讨论与分析"部分进行披露。证监会在2007年又鼓励上市公司在"管理层讨论与分析"部分披露新年度的预算目标和计划，并于2011～2017年先后出台了《公开发行证券的公司信息披露内容与格式准则第2号——年度报告的内容与格式》的修订稿，上市公司关于预算目标的披露制度不断得到完善。其中，比较关键的一个节点是2012年9月出台修订稿。此次修订，证监会要求进一步完善"管理层讨论与分析"部分的内容，要求该部分的内容语言要清晰易懂、平实，避免模板化和空洞化，并且披露的内容要有据可依，必须与前一年的经营情况相结合，进一步细分出公司发展战略、预算目标（包含营业收入目标）和可能面临的风险等信息，从而使披露内容更加直观、明确，有利于外部投资者更好地获取信息。

虽然证监会采取了一系列措施鼓励上市公司披露预算目标信息，但是由于会计利润指标可以较好地体现经理的努力，其成本低（由企业自己的财务系统提供）、可观察（定期报告提供）、规则明确（会计准则规范）的特征，使得它受到理论界和学术界更高程度的关注（Jensen and Murphy，1990）。营业收入增长达标往往意味着企业规模的扩张，但是它和企业利润的变化并不是同步的（Dechow and Dichev，2002；刘浩等，2014），并且预算目标的观察性较弱（一般只在年报披露）、信息披露手续麻烦（需要经过具有执业资格的注册会计师审核），使得预算目标受到管理层重视的程度较低，在同会计利润指标之间的竞争中优势不足（刘浩等，2014）。然而年报中披露的营业收入目标属于绩效评价体系中关键的、综合化的、显性的一项契约设计（刘浩等，2014），该指标需要经过具有执业资格的注册会计师审核，对管理层和员工具有较强的约束力。

预算目标的完成程度直接体现了管理层和员工的努力程度，理应受到学术界和理论界的广泛关注。2002 年，财政部发布了《关于企业实行财务预算管理的指导意见》，开始宣传全面预算的思想和方法；2007 年 5 月，国务院国有资产监督管理委员会颁布了《中央企业财务预算管理暂行办法》，要求企业建立预算管理制度，推进全面预算管理。证监会的一系列政策为本书的研究提供了数据，为深入研究预算管理过程中产生的预算松弛行为的经济后果提供了可能。

二　预算松弛研究的意义

（一）理论意义

众所周知，研究理论与视角方面的创新能够为研究方法和结论的突破提供依据。因此，本书以委托代理理论、权变理论、行为科学理论等作为预算松弛经济后果研究的理论支撑，对于深入认识预算松弛具有重大的理论意义。

第一，本书以预算松弛为研究对象，基于委托代理理论、权变理论、行为科学理论等研究预算松弛对内部公司治理与外部资本市场的影响。通过构建预算松弛经济后果理论分析框架，完善既有预算松弛的理论研究，体现了本书研究的先进性和超前性。

第二，以权变理论和委托代理理论为基础研究预算松弛问题，能够把利益冲突和激励机制等融入预算松弛的治理中去。正是基于此，本书从风险承担和创新的角度，考察了预算松弛与公司内部管理决策之间的关系，从而为有效地解决预算松弛问题提供了新的研究思路。

第三，从外部资本市场的角度探讨预算松弛对股价崩盘的影响，丰富了外部公司治理领域的研究，为在中国这样的新兴及转型经济体的资本市场上，预算作为重要的管理控制手段，在一定程度上发挥有效的外部监督作用以及机构投资者发挥一定的治理与监督作用提供了经验证据。本书提出支持管理层编制适度的、可实现的松弛预算，以应对经营不确定性；同时，要通过提高公司治理水平从根本上解决股价崩盘风险，避免过度的、不可实现的预算管理行为。

（二）现实意义

实践方面，企业预算管理过程中不可避免的一个问题就是预算松弛，这也是预算管理领域一直无法得到有效解决的问题之一。2003 年，国务院国资委为解决国有企业预算管理过程中存在的预算松弛问题，颁布了《中央企业负责人经营业绩考核暂行办法》，该办法明确指出国企考核要更加重视"精准"原则。随后，2006 年财政部颁布了《企业财务通则》，通则明确要求各个企业建立起各自的预算管理制度；2008 年国家出台第一部《企业内部控制基本规范》，并立即发布了《企业内部控制应用指引》的征求意见稿，内部控制规范体系就含有预算控制应用指引。

可见，预算管理成为国家重点关注的管理模式，被大量企业所引用。部分学者和实务工作者都认为应该解决预算管理过程中的预算松弛问题，这样才能充分发挥预算的管理和控制功能。然而，预算松弛问题一直无法得到有效解决，很有可能是目前关于预算松弛问题的本质无法认清，针对预算松弛的经济后果的研究分析深度不够，导致针对预算松弛的治理出现"本末倒置"，从而造成企业治理预算松弛的效果不理想。本书通过权变理论和委托代理理论深层次分析预算松弛的经济后果，为企业管理层对待和解决预算松弛问题提供经验证据，以更好地服务于企业预算的各项功能发挥，提升企业的管理效率。

第二章　文献综述

一　预算松弛的定义

预算松弛问题最早产生于 1940～1950 年，西方实务界在预算管理过程中发现预算人员思想僵化、员工消极怠工等问题。针对这些问题，心理学家 Argyris（1952）深入企业进行了调查研究，他建议应该让员工积极参与到预算编制过程中去，参与制定企业的预算目标。但是他随后发现，即便让员工参与到预算目标制定过程中去，效果也并不理想，主要是员工在预算编制时仍不愿意表达他们的真实意见，通常会倾向于隐藏部分真实的信息，通过隐藏信息来为他们随后的工作创造缓冲空间。Argyris 将这种行为定义为"伪参与"，后来的学者陆续发现了员工的"伪参与"问题。

Cyert 和 March（1963）以微观经济学的相关理论为基础发现，预算松弛产生于预算人员的谈判过程，当预算人员试图控制更多的资源时，就会产生预算松弛。Williamson（1963）的研究发现预算的下属（主要是指经理），在预算编制时更有可能试图获得更为松弛的预算。Lowe 和 Shaw（1968）通过销售预测的数据研究发现，销售预测的预算也有可能被编制得更为松弛。Onsi（1973）通过到 5 个部门进行实地访谈发现，32 位经理中有 80% 的经理认为在预算（成本、销售、价格）谈判过程中，存在争取松弛预算的目的。Leibenstein（1979）直接认为如果实际成本与最小成本间的差距达到 30%～40%，就存在预算松弛。

尽管预算松弛行为在西方国家受到了足够的重视，但是针对预算松弛，学术界尚未形成统一的定义。Merchant（1985）认为预算松弛是预算数额与实际所需数额的差值。Lukka（1988）认为预算松弛是指在预算编制时，预算参与人员有意制定较为容易实现的数额，因此，预算下属人员可能有意低估收入、高估成本，通过这些措施更有可能完成目标或者达到期望的水平。该定义同 Young（1985）对预算松弛的定义相一致，Young 认为当公司的下属有权利决定自身的工作标准，并以此作为自身绩效和业绩的评价标准时，下属会有意低报工作标准，被低报的数量就是预算松弛。Moene（1986）将预算松弛概括为预算核准数与实际最小的成本之间的差额。Mann 等（1988）将预算松弛定义为高估成本、低估收入，或者通过有意低估收入以便更容易完成预算目标。他们进一步指出预算经理制定的预算资源量超过实际所需，或有意将实际生产能力低估。Waller（1988）将预算松弛定义为超过实际所需资源的那部分。Dunk（1993）将预算松弛定义为预算人员基于易完成等特殊目的，在预算编制时有意低估或高估造成的非恰当部分。Greenberg 等（1994）、Anthony 和 Govindarajan（2000）以及 Little 等（2002）将预算松弛定义为本应根据企业实际经营情况及能力做出无偏估计的预算指标（包括成本、收入以及生产等），在实际执行过程中比较容易实现。Chow 等（1991）将预算松弛定义为有意影响业绩目标的行为，这些行为将会降低管理层的预期水平。

李明（2011）认为我国目前的预算体系容易产生预算松弛问题。潘飞和程明（2007）以 2001～2004 年的 A 股上市公司为样本，研究了预算松弛问题在我国上市公司中是否存在。研究发现，在披露信息的沪深 A 股上市公司中普遍存在预算松弛问题。王宣人（2011）基于潘飞和程明的衡量指标，也发现 50% 的样本企业在 2006～2010 年存在预算松弛问题。张祎（2015）

将样本局限于房地产企业，同样发现将近一半的房地产公司存在预算松弛问题。于增彪等（2004）将预算松弛视为预算管理过程中预算人员的一种逆向选择问题，这种逆向选择问题可能在预算编制或执行过程中出现。许云（2006）从于增彪等的研究视角出发，认为存在预算松弛同预算计划的真实性相违背的现象，同时他将预算松弛分为自利性和明智性两种不同的类型，即预算松弛既可能是有害也有可能是有利的。

根据已有的研究发现，不管是国外还是国内，预算松弛都是预算管理过程中普遍存在的问题。预算编制时，预算参与人员通常会故意虚报预算目标，从而使最终制定的预算数额是松弛的，具体体现为营业收入的低估或者成本或资源的高估，从而更加容易完成预算目标。

二 预算松弛的影响因素

国内外学者主要从组织层面研究了预算松弛的影响因素，具体包括预算参与、信息不对称、预算强调以及声誉机制等。

（一）预算参与

预算参与主要是指预算的下属就其职责范围内的事务同上级分享、沟通，从而影响预算计划与执行过程（Milani，1975；Brownell，1982）。预算管理过程中的预算参与最初由 Argyris（1977）提出，Argyris 将预算参与视为缓解劳资双方矛盾、完善预算管理效果的有效方法。Hofstede 和 Knight（1969）以 6 家制造业企业为样本，通过案例研究发现预算参与是解决预算松弛问题的重要方法。随后，大量学者的研究都认为预算参与给企业的员工乃至整个企业带来了较为积极的影响，具体体现为提升员工的工作满意率、避免工作的角色模糊、提高业绩以及改善员工的工作态度，也能减少预算松弛问题。Cammann 和 Nadler（1976）研究发现预算管理过程中预算参与行为较少会导致预算松弛问题增加。Onsi（1973）研究认为预算参与能够消除预算下属的预算松弛问题。Young（1985）研究认为预算人员在参与预算编制时承受一定的社会压力，直接影响企业预算松弛的程度。此外，预算参与直接影响预算人员对预算程序与分配公平的认知（Kohlmeyer et al.，2014）。Su 和 Ni（2013）研究发现预算参与反向影响预算松弛。

另外一些学者研究得出预算参与诱发了预算松弛这一截然相反的观点。Lowe 和 Shaw（1968）从理性经济人角度出发，研究认为理性的经理，由于被允许参与到预算编制过程中，往往会基于个人的利益编制松弛的预算，从而完成预算目标以获取奖励。Schiff 和 Lewin（1968）的研究也发现在将预算业绩作为预算下属的奖惩依据时，这些预算下属会在预算参与过程中有意编制松弛的预算。Brownell 和 McInnes（1986）同样指出，如果预算下属试图从预算参与过程中获利，尤其是在预算业绩同预算下属的报酬有关时，预算下属在预算参与过程中就预算目标谈判时，就会产生预算松弛问题。Lukka（1988）的研究进一步支持预算人员的高度参与直接增加了预算松弛发生的概率；相反，低程度的参与降低了预算松弛发生的概率。国内学者高严和王建军（2009）研究发现预算参与增加了预算松弛发生的概率。

上述研究表明预算参与虽然影响了预算松弛，但预算参与与预算松弛之间既有可能是正相关关系，也有可能是负向关系，预算参与主要是通过工作满意度、业绩评价、工作角色的模糊以及预算强调间接提升或降低预算松弛程度。总之，预算参与是影响预算松弛的一个重要因素。

（二）预算管理过程中的信息不对称

预算管理时，预算代理人（主要是指预算下属）就自身生产能力与公司经营情况拥有信息优势，而预算委托人（主要是指预算上级）拥有信息劣势，这就产生了信息不对称（Baiman and Evans，1983；Penno，1984）。Chow 等（1988）的研究也发现，很多企业的预算下属在企业经营业绩等方面相对于股东，拥有信息优势。

学者从预算管理过程中的信息不对称角度探讨了预算松弛的影响因素。Baiman 和 Evans（1983）研究认为如果预算下属拥有足够多的企业信息，在参与式预算管理控制模式下，预算下属被允许交流信息，这些私人信息一旦融入业绩考核和评价，预算松弛程度就低；相反，预算下属如果有意错报或隐瞒部分私人信息，最终的预算指标就会存在预算松弛。下属有意瞒报信息，使得本已松弛的预算目标更容易完成，下属付出少许努力就能够获得基于预算目标的奖励。因此，下属更愿意编制松弛的预算，从而完成预算目标。Waller（1988）研究发现，如果下属认为预算上级在制定业绩评价标准时会采纳他们的私人信息，预算下属就会有更强的动机来隐瞒或歪曲预算，编制更为松弛的预算以便更容易完成预算目标，尤其是当预算指标直接与下属的薪酬相挂钩，且预算又是参与式时，信息不对称的问题表现得更为明显。这与我们的预期相符，因为一旦经理的薪酬直接与预算完成情况相关，并且他们的信息又会被用于业绩评价标准的制定，这种信息不对称就会导致预算松弛问题的产生（Christensen，1982）。Young（1985）进一步证明了私人信息的存在会使得预算下属有意高报所需要的资源，或者低估产能。

国内学者宋岩（2001）较早地研究了预算松弛问题，他认为预算基层抑或下属与预算上级之间的信息不对称和利益冲突导致预算松弛问题的发生。潘飞和程明（2007）首次通过实证方法证明了代理问题是预算松弛的重要原因之一。而郑石桥等（2008）在潘飞和程明的基础上，结合权变理论进一步证明了代理问题与环境不确定性均是预算松弛问题的重要原因。虽然已有的研究都发现了信息不对称与权变理论下的环境不确定性均是预算松弛的重要原因，但尚未形成较为统一的结论。另外一些学者，如张朝宓等（2004）运用实验研究方法证明了预算公平性、信息不对称性、信息透明性等均显著影响了预算松弛行为，信息不对称性与预算松弛呈正相关关系，而真实诱导报酬计划会负向调节信息不对称性与预算松弛之间的关系；此外，预算公平性与信息透明性也会负向调节这种关系。

（三）预算强调

预算强调的内涵就是公司日常管理与控制的核心围绕预算目标展开，公司各部门及其员工的业绩考核、薪酬计划以及奖惩的依据就是预算目标完成程度。Collins（1978）的研究虽然没有直接发现预算强调与预算松弛有关，但他仍然推断如果预算目标未设置在合理的水平，经理们就会有意编制松弛的预算。Lowe 和 Shaw（1968）以及 Fama 和 Jensen（1980）研究发现业绩标准的制定以及管理层之间的相互竞争会抑制预算松弛。

然而更多的学者认为在预算控制系统中应用业绩评价（即预算强调）是预算松弛产生的一个重要因素。如 Hopwood（1972）研究了非财务指标等业绩评价系统对预算松弛的影响，研究发现：如果经理们更加强调预算，他们的异化行为表现得更为明显，具体体现为预算松弛。Onsi（1973）的研究发现经理们制造预算松弛的主要目的是完成业绩目标，尤其是当股东对预算业绩目标关注程度更高时，经理们制造预算松弛的意图就更为明显。Cammann 和 Nadler（1976）的研究发现上级在薪酬、奖励等分配上更强调预算目标时，下属更有可能制造预算松弛。Baiman 和 Evans（1983）研究发现，如果委托人在业绩评价时依据预算控制系统的信息，代理人在预算参与过程中更有可能隐藏私人信息，从而造成预算松弛问题。

另外的一些文献发现预算强调并非预算松弛产生的充分条件，它同信息不对称一起主要是通过预算参与而成为预算松弛的必要条件。Christensen（1982）的研究表明如果存在高程度的预算参与和高水平的信息不对称，预算下属会试图通过谈判编制松弛的预算；如果信息不对称程度较低而预算强调水平较高，预算下属虽然想编制松弛的预算，但无能力编制松弛的预算（Chow et al.，1988；Penno，1984；Waller，1988）。因此，高程度的预算参与下，预算下属才有制造预算松弛的机会（Lukka，1988）。Dunk（1993）进一步研究了信息不对称、预算参与和预算强调三者的共同作用对预算松弛的影响，研究发现这三者的程度越高，预算松弛程度越低。但 Buzzi 等（2014）的研究则发现如果公司信息不对称程度较高，更加重视预算参与，预算松弛程度就会更高。

以上研究证明了预算强调是影响预算松弛的一个重要因素，但没有形成统一的结论。尤其是考虑了其他因素后，预算强调对预算松弛的影响更加复杂。

（四）声誉机制

契约设计不完全时，声誉机制下代理人更有可能做出利己的机会主义行为（Baiman et al.，1990），而完善的治理机制能够有效地应对相机事件发生时出现的机会主义行为（Williamson，1963，1985，1996）。学者们从相机激励机制与再谈判机制两个方面提出了完善治理机制的途径。相机激励机制是指根据市场环境和公司状况灵活调整激励政策；再谈判机制是指如果发生了相机事件，代理人就报酬、行动等问题同委托人重新进行协商。一旦出现相机事件，代理人与委托人之间的"讨价还价"能力就直接影响双方的行动。

Baiman 等（1990）研究了预算控制模式同预算行为之间的关系，他们认为预算控制模式不同，预算的下属同上级管理层之间的信息不同，会影响预算上下级之间的讨价还价能力，因此会直接影响预算的系列行为。在企业实践过程中，相机激励普遍存在，比如员工的工作认可、股权激励、职务晋升、奖金与薪酬的发放等，这些相机激励并非事先就确定了。因此，下属对声誉的关注（在预算方面表现为对预算松弛的倾向性以及制造预算松弛带来的声誉）均会影响这些相机激励的发生。Young（1985）研究认为下属的预算松弛行为受到社会压力的影响。下属承担的社会压力会使得他们认为一旦制造了预算松弛，管理层就会将他们视为偷懒的员工或者不如实报告预算信息的员工，为了减轻管理层的这些感受，下属会避免预算松弛问题的产生。Dunk 和 Nouri（1998）研究发现预算下属在制造预算松弛时，会将与自身利益相关的自信、自我约束以及责任等因素考虑进去。Evans（2001）认为如果预算下属对自身的声誉更加关注，在设计契约激励时，预算下属会更愿意如实报告预算信息。Stevens（2002）研究认为如果预算下属将自己的预算松弛行为视为不诚实或与社会公正等规范不符，基于这种声誉的考虑，他们就不愿意编制松弛的预算。Webb（2002）以预算可靠性为出发点，研究了声誉与预算松弛之间的关系。研究发现，如果预算目标更为容易完成，通常管理层就会将不可靠的预算目标责任归咎于下属。Brickley 等（1997）研究发现下属对声誉的关注受到真实报告与不真实报告预算目标所带来的收益影响：不如实报告预算目标带来的收益越高，下属对声誉的关注程度就越低。翟月雷（2010）建立了多期博弈下的预算声誉模型，采用实验研究方法研究了预算声誉、预算控制松紧度与预算松弛之间的关系。研究表明：参与式预算控制方式与预算松弛之间呈负相关关系，这种关系在声誉机制较强的一组中表现得更为明显。郑石桥和丁凤（2010）建立了单一的声誉控制模型，得出了同样的结论。吴粒（2012）进一步考察了道德认知和声誉二者共同对预算松弛的影响。研究发现，道德认知和声誉均会抑制预算松弛，并且声誉的影响更加受到道德因素的驱动。

已有的研究均表明，声誉机制会使得下属在预算管理过程中报告更多的信息，从而缓解信息不对称问题，抑制预算松弛行为的发生。

（五）预算目标特征

已有的研究发现预算目标的公平性、完成难度以及清晰度等特征均与预算松弛倾向有关。预算目标公平性是指预算管理过程中预算的目标设置、分配及结果是否平等与公正。预算分配及结果的公平性主要体现为预算目标的可完成性；如果想要完成预算目标，在目标设置时，尤其要重视预算分配及结果的公平（Lindquist，1995）。在预算目标公平的情况下，允许预算参与会提升企业的业绩以及员工的预算满意度。另外一些研究发现如果预算程序是公平的，公司的业绩就会显著得到提升。Libby（2001）采取实验方法研究发现，预算公平通过减少下属的松弛行为来提升公司业绩，即预算程序公平减少了预算松弛行为。

而 Yuen 和 Cheung（2003）基于预算目标清晰度研究了预算松弛的影响因素，研究发现，清晰的预算目标更容易被下属所理解，从而能够得到有效执行，这有利于降低预算松弛程度。Snell 等（1979）也发现预算目标越清晰，越能够更好地指导员工工作，提升公司业绩；相反，模糊的预算目标会造成员工的不满、紧张，导致工作处于无序状态。预算目标不清晰，会使得预算执行人员在实现预算目标时具有高度的不确定性感觉，而不确定性会增加执行人员的工作压力，为了缓解这种压力，预算执行人员更有可能编制较为松弛的预算（Ross，1995）。已有的研究还发现预算目标清晰度与预算松弛倾向之间呈显著的负相关关系。

另外一些学者研究了组织目标的设置对行为的影响，形成了两种相互对立的观点（Fried and Slowik，2004；Latham and Kinne，1974；Locke and Latham，1990）。一些学者认为目标难度推动了绩效的改善。Locke 和 Latham（1990，2002，2006）的研究发现，与无目标相比，精确性的目标和难度较高的目标能够促使员工更加努力，并且获得心理和物质的益处。Knight 等（2001）的研究发现获取更好绩效的好处就是设置难度更高的目标。另外一些学者则发现在特定情况下，目标难度导致了消极的后果（Barsky，2008；Ordóñez et al.，2009）。困难的目标扭曲了风险偏好、使得关注度变窄、降低了满意度、导致预算松弛以及引发其他非道德行为（Larrick et al.，2009；Staw and Boettger，1990；Galinsky et al.，2002；Barsky，2008；Schweitzer et al.，2004）。Schweitzer 等（2004）研究发现，当参与者分配到的总目标难以实现时，生产任务中的参与者更不诚实地报告他们的生产水平，从而产生预算松弛行为。

（六）薪酬计划

薪酬计划作为一项显性的激励机制直接影响预算松弛倾向。已有的研究将薪酬计划分为真实诱导报酬计划与松弛诱导报酬计划，而真实诱导报酬计划对预算有重要的影响（Ijiri et al.，1968；Weitzman，1976）。如果管理层是风险中立的，真实诱导报酬计划会激发管理层积极披露与业绩有关的信息，从而最大限度地提升公司业绩（Weitzman，1976；Kren and Liao，1988；Waller，1988）。

Chow 等（1988）进一步采用实验研究方法，研究了真实诱导报酬计划与松弛诱导报酬计划对预算松弛的影响。研究发现，如果信息不对称不存在，二者对预算松弛的影响无差别，但当信息不对称存在时，相对于真实诱导报酬计划，松弛诱导报酬计划对预算松弛的影响更为显著。Waller（1988）选取了 51 名会计主管作为实验对象，在考虑了管理层的风险态度后研究发现：在松弛诱导报酬计划下不管是风险中立还是风险厌恶的管理层，都有可能编制松弛的预算；而在真实诱导报酬计划下，风险中立的管理层更不愿意编制松弛的预算，而风险厌恶的管理层更有可能编制松弛的预算。因此，真实诱导报酬计划对风险中立的人员更有效。

尽管大量的实验研究已经证明了不同报酬计划对预算松弛的影响，但这些计划的价值并未被应用于实践，因为已有的研究主要采用的是实验研究方法，很少采用经验研究方法，有效性不够（Waller，1988）。虽然已有的研究发现真实诱导报酬计划与预算松弛呈负相关关系，但这种计划无法彻底消除预算松弛，对公司的利润等指标也会产生不利影响，这也是它很少被企业所采用的一个重要原因。为了最大限度地降低预算松弛行为发生的可能性，提升公司的业绩，预算管理过程中委托人会将生产、销售人员的薪酬同预算指标相挂钩，因为这能够增强和提升他们的工作积极性和预算满意度，从而加强合作（Shields and Young，1993）。Fisher 等（2002）研究发现如果将预算作为企业人、财、物等资源配置的依据，并且将薪酬与预算相挂钩，就有可能抑制企业的预算松弛。他们通过实验研究发现如果将预算作为业绩考核以及资源配置的依据，预算下属就不太在乎预算松弛，并且这会提升公司业绩；此外，预算下属之间披露彼此的信息也有可能抑制预算松弛。

国内学者郑石桥等（2008）研究了信息不对称性、报酬方案、代理问题以及环境不确定性，实验研究表明这些均是造成预算松弛的重要因素。程新生等（2008）以及高严和王建军（2009）均发现了真实诱导报酬计划同预算松弛之间呈负相关关系，而松弛诱导报酬计划同预算松弛之间呈正相关关系，即松弛诱导报酬计划是造成或加剧预算松弛的重要原因。刘俊勇等（2019）进一步结合心理学的"大五人格"理论研究了预算松弛的影响因素，通过实验研究方法发现：在不同人格特质下，不同的激励方案对预算松弛产生了不同的影响，真实导向报酬方案比松弛导向报酬方案更能够抑制预算松弛行为；进一步地，这种影响对随和性更强和尽职程度更高的预算松弛影响更大。

已有的文献表明，设计真实诱导报酬计划能够减少预算松弛行为，但这种关系还会受到预算人员对风险态度与偏好的影响，如果仅仅依靠以往的薪酬计划就会加剧预算松弛，但是一些竞争性因素会削弱薪酬计划对预算松弛的影响，未来应该考虑多项薪酬机制对预算松弛的影响。

三 预算松弛的经济后果

针对预算松弛的经济后果，虽然国内外学术界进行了系列的研究，但得出的结论截然不同，主要归结为三类。

第一类是预算松弛的有害论。持这类结论的学者普遍认为预算松弛会增加公司的运营成本与支出，错配企业的资源，进而降低公司的经营效率。并且，预算松弛会让员工养成不诚实的习惯，导致破坏公司的诚信文化，损害其他部门和员工的利益（Jensen，2001，2003），从长远来看，不利于公司的健康发展。这些学者都认为预算松弛是预算管理过程中的一种功能异化现象（Collins，1978），这种现象导致企业的股东、高级管理层利用的预算信息失真，不利于他们做出有效的决策（Greenberg et al.，1994）。国内学者祝红月（2003）和黄海梅（2004）均发现预算松弛程度越高，企业的经营效率越低，主要原因是预算松弛下目标更为容易实现，这对于员工工作积极性的增强不利，为预算执行人员的经营失误、偷懒等行为提供了掩饰。马勇（2004）的研究进一步发现预算松弛不利于公司业绩的提升。王桂萍（2005）的研究发现预算松弛损害了员工的工作积极性，不利于激发员工的潜能，浪费了公司的成本，使得业绩考核不公平。潘飞和程明（2007）的研究发现代理问题是造成预算松弛的重要原因，并且损害了公司的长短期业绩。雒敏（2010）的研究发现预算松弛使得管理层更加容易操控业绩，提高了公司的盈余管理程度。柳佳（2017）研究发现在预算棘轮效应存在的条件下，预算松弛会降低企业的业绩评价水平。刘元玲（2016）的研究发现预算松弛会诱发管理层的短视行为。

第二类观点认为预算松弛是有益的，主要原因是预算松弛有利于减轻员工的工作压力，并且为部门分配足够的资源，有利于他们应对外来的环境不确定性，提升经营能力（Gabriel and Savage，1978；Merchant and Manzoni，1989）。Merchant（1985）的研究表明预算松弛使得预算执行人员拥有一定的自由裁量权，这能够帮助他们应对突发状况，减轻风险冲击带来的压力。Lukka（1988）研究了预算松弛与环境不确定性的关系，发现如果存在较高的风险，预算松弛能够帮助预算下属提供风险应对所需要的资源，以备不时之需。安灵和沈青青（2016）以我国沪深 A 股上市公司为研究对象，分析了预算松弛对高管晋升的影响，发现在高管变更这一重大治理事件中，预算松弛能减弱高管变更概率与高管权力之间的敏感性，且预算松弛与高管权力之间存在替代效应：在高管权力不足以抵抗变更风险时，可通过预算松弛降低变更风险。

第三类观点认为预算松弛既可能有益也可能有害，具体如何取决于预算松弛程度的高低，他们对预算松弛的经济后果持折中的态度。van der Stede（2000）认为预算松弛并不总是对企业不利，应该存在一个最优的预算松弛水平，预算松弛程度过高、过低均是不好的，因此，需要根据预算松弛的程度来研究预算松弛的经济后果。理论上，企业面临各种风险，应对外部的环境不确定性，企业需要一定程度的预算松弛，预算松弛对于企业风险水平的提升有一定作用。但是如果将预算松弛用于管理层谋取私利的话，预算松弛就会损害企业的健康发展。国内学者许云（2006）和宋岩（2001）的研究认为预算松弛可能是一把"双刃剑"，对公司既可能产生消极的影响，也可能产生积极的影响，不应该一刀切。

综上所述，虽然国内外学者针对预算松弛的经济后果进行了系列研究，但研究成果相对较少，并且大多基于理论归纳，缺乏经验研究。主要原因在于预算数据是企业内部管理所需要的，学者难以获取，并且预算涉及企业的生产经营、风险决策、创新以及受到外部投资者的广泛关注。需要根据预算的流程进行系统的实证研究，为深入理解预算松弛提供经验证据。

四 研究现状评述

综合来看，目前国内外学术界针对预算松弛的研究主要集中在预算松弛的成因方面，薪酬计划、信息不对称等均是造成预算松弛的重要原因。虽然有部分学者考虑了预算松弛的经济后果，但研究数量较少，并且大多是规范性的研究。对这些文献进行梳理总结，发现现有的研究仍然存在一定的局限性，主要体现为下列几个方面。

（1）现有研究主要将预算松弛视作有害的，从治理的角度探讨了如何解决预算松弛问题，这些研究都是以委托代理理论为理论依托的。从现有关于预算松弛的研究中可以看出研究内容较为分散，没有清晰的研究脉络以及系统化的研究内容，研究思路也较为零散，导致现有的研究无法对实务工作起到启发、借鉴作用。由于现有研究主要将预算松弛视作有害的，因此从委托代理理论出发，探讨了预算松弛的影响因素以及治理机制，认为预算松弛带来的经济后果也是有害的。然而，预算松弛也有权变理论、心理学理论等。预算松弛不一定对企业有害，可能对企业的其他决策产生有益的影响。因此，在委托代理理论下，结合权变理论探究预算松弛的经济后果，有助于实务者与学术界深入理解预算松弛。

（2）在经济后果方面，主要从公司业绩、盈余管理等较为单一的角度展开探讨。企业的预算管理涉及企业的生产—销售—利润等完整的经营环节，与企业的风险承担决策、创新决策等密切相关。近年来，国家强调管理会计的重要性，大量企业开始对外披露管理会计的信息，预算作为一种重要的管理控制手段，必然也会受到外部投资者的关注。因此，预算松弛可能会影响到外部资本市场的反应。现有文献主要从单一因素角度考虑预算松弛的经济后果，缺乏多综合因素的经济后果研究。

（3）研究方法方面，主要采用的是归纳法或实验研究方法，缺乏实证方面的研究，数据搜集相对于国外的主流研究有一定的差距。近年来，上市公司开始对外披露预算的数据，现有少量的实证研究大体也采用了较为简单的实证研究方法，如一般的统计分析，仅仅涉及几个变量的线性分析，没有结合多个理论探讨预算松弛的经济后果。在数据采集方面，主要采用的也是问卷调查或实验方法，对公开披露的数据使用太少。

第三章　理论基础

一　委托代理理论

（一）代理问题

随着经济的快速发展以及企业的生产规模不断扩大，Berle 和 Means（1932）提出应该将企业的控制权与所有权相分离。企业的所有人由于出资享受整个企业的所有权，但是没有经营管理能力，从而需要将公司的经营权（控制权）委托给经理人。通过两权分离，公司的分工更加明确、专业，从而极大地提升了经营效率。这里企业的所有人与经理人之间就是典型的委托代理关系。委托代理关系在本质上就是一项隐性或显性契约关系，在这个契约中，行为主体雇用或指定另外的主体为他们提供服务，被雇用的行为主体将会获得一定的报酬和奖励（Jensen and Meckling，1976）。这种契约关系是委托代理双方在市场中互相博弈达成的。

委托代理理论中有狭义的代理关系与广义的代理关系：狭义的代理关系是指在企业治理中委托人与代理人根据具体的权利义务而建立的契约关系；广义的代理关系是指委托人将某些特定的权利授予给代理人，由此形成了一些隐性或显性的契约关系。不管是广义的还是狭义的委托代理关系，这种关系建立起来后都不一定会产生代理问题。如果委托代理双方建立起完全理性契约，委托代理双方之间不存在信息不对称，或者代理人具有较高的道德水准，代理问题就不会产生。只有存在信息不对称或者代理人是不完全理性的，委托代理关系才会引发代理问题。这里提及的代理问题主要是指代理人在履行委托人交付的代理职责与义务时，未按照委托人的利益最大化要求，有意损害委托人利益。

（二）信息不对称与有限理性

1. 信息不对称

1970~1980年，Joseph等学者先后从金融市场、劳动力市场以及商品交易等领域研究了信息不对称，得出了基本一致的结论。信息不对称是指各项市场经济活动里的参与人员就交易相关的信息了解程度不一致，也就是交易双方的信息分布不是对称的。拥有更多信息的市场参与者在交易中处于优势，而拥有较少信息的参与者在交易中处于劣势，这类参与者面临的风险较大，收益较低。信息不对称理论为市场交易中信息的重要性提供了理论支撑。该理论认为市场中的不同参与者拥有不同的信息获取渠道，能够得到的信息量也就不同，这影响了他们承担的风险以及获得的收益。现代信息经济学的核心就是信息不对称理论，该理论已经被市场中的众多现象所解释，如商品促销、股市波动以及劳动力市场配置等，并逐渐被会计与财务等众多其他领域所应用。现有的研究表明，相对于发达国家，发展中国家处于市场转型期，信息不对称程度更高，由此带来的风险更大和问题更严重，然而相关研究相对较少。

2. 有限理性

古典经济学的研究都以市场参与主体是完全理性的经济人为假设前提，他们的研究都认为市场的参与主体能够拥有所有的信息，做出正确并且完全理性的选择。完全理性的经济人是一种近乎完美的市场参与主体，在实际经济活动中，由于情感、信仰、知识、环境、能力等各个因素的影响，经济活动参与人员的选择、经济行为都不可能做到完全理性。如下属会由于心理压力而接受上级的不合理要求，人们会出于怜悯购买瓜农的水果等。正是现实中各种因素的影响使得古典经济学关于完全理性的研究成为空中楼阁，无法指导如何解决现实问题。

Wright（1938）修正了古典经济学家关于经济人是完全理性的假说，他认为由于意志等的影响，人们在做出各项决策时并不是完全理性的，能力是有限的。因此，人们是有限理性的。然而他的理论最初并未引起学术界的重视。直至 20 世纪 40 年代，著名的管理学家 Herbert 在 Wright 研究的基础上，认为人们是社会人而不是经济人，由于存在有限理性以及一般的满意标准，任何一个人的行为无法达到最高程度的理性，一个人面临的选择方案众多，因此需要更多的信息，即使他足够客观理性，也无法做出完美的决策。因此，他得出了个人的理性是介于完全理性与完全不理性之间的有限理性的结论。

（三）道德风险与逆向选择

委托代理理论下，逆向选择和道德风险是阻碍契约得到有效执行的两个重要因素。

1. 逆向选择

逆向选择是指在订立契约时，由于信息不对称的存在，具有信息优势的契约主体凭借自身的信息优势在做决策时往往有利于自身而损害对方。由于存在逆向选择，现实经济活动中往往存在很多违背常理的情况。如厂商降价会导致优良产品被劣质产品替代，从而降低整个市场产品的平均质量。逆向选择往往发生在契约订立之前，代理人往往会隐瞒真实的信息，或者向委托人传递错误的信息，使得委托人由于缺乏足够有效的信息而做出错误的决策。

2. 道德风险

20 世纪 80 年代，经济学家首次提出了"道德风险"的概念。道德风险也被称为道德危机，其定义同逆向选择基本一致，内涵就是经济活动当事人在实现自身效用最大化的同时，也做出了损害他人的行动。一旦委托人和代理人签订了契约，在自身不需要承担任何风险并且委托人不知情的情况下，由于是有限理性的，代理人就会采取各种行动让自身效用自大化。这主要是由于代理人的道德水平较低，故意或恶意损害委托人的利益。道德风险会扰乱市场次序，不利于经济活动健康高效运转。委托代理双方的契约不完全性以及信息不对称性是造成道德风险的重要原因。道德风险往往发生在契约签订之后，代理人故意或有意隐藏自身的信息与行动，进而损害委托人的利益。

逆向选择与道德风险均是代理人由于信息不对称的存在而选择利己的机会主义行为。二者均损害了契约关系中委托人的利益。为了缓解契约关系中的代理问题，委托人需要设计系列的契约，使得代理人能够以委托人的利益为出发点，做出有利于委托人的决策和行动。

（四）委托代理理论与预算松弛

1. 委托代理关系在预算管理中的表现

企业的预算管理过程总体来看包括三个阶段。第一个阶段，公司的上级依据企业的战略目标，就公司下年度或下阶段的预算目标同公司的下属等进行协商与谈判，意见达成一致后正式签订合同，即以预算的方式确定下来。这一阶段上级需要结合公司的战略将整体预算目标分成具体的可操性目标，下发至各个层级的部门，由它们负责完成。第二个阶段，下级部门根据分配来的预算目标进行经营活动，以预算目标为依托，对经营活动进行监督控制。该阶段预算是由各个部门的员工来执行的，他们拥有更多的执行方面的信息，预算目标能否完成也取决于他们，上级依据预算执行人员所反馈的信息，或者根据其他管理控制手段来了解预算下属以及部门的预算执行情况。第三个阶段，上级根据预算执行人员的执行效果对员工进行绩效考评，将预算结果作为员工薪酬发放和晋升考核的依据。从整个预算管理流程来看，上级以预算的方式将各个阶段的经营目标委托给下属，并根据预算目标的完成程度给下属支付奖励与报酬。因此，预算管理过程中的上级与下属之间就是一种典型的委托代理关系。

一旦签订了预算合同，上级同下属之间就形成了预算管理过程中的委托代理关系，由于委托代理关系已经形成，预算上级与下属之间会基于信息不对称以及有限理性产生系列代理问题。主要在于企业实施了预算管理，上级会依据预算目标是否实现（预算结果）来考核和评价下属，作为其业绩报酬和晋升的依据。由于预算下属的奖金直接与预算目标完成情况相关联，下属就有可能凭借自己拥有的私人信息，有意降低预算目标，通过编制松弛的预算来轻易完成预算目标。这不仅能够轻松取得更好的业绩，还能够获得与预算相关的奖金与报酬。显而易见，这种预算松弛的后果与预算上级的期望不一致，上级本来试图通过预算来激励、监督下属，改善公司的经营状况，提升公司的业绩，而下属却借助自身的信息优势，有意低报预算标准，损害了公司和上级的利益。这是预算管理过程中的代理问题。总之，预算松弛问题从本质来看就是代理问题。

2. 有限理性与信息不对称在预算管理中的体现

下属员工是企业经营管理的先锋，在获取信息方面拥有天然的优势，他们对自身的能力以及企业的信息更为了解。比如，根据日常的工作掌握产能、工时、市场对产品的预计需求数量以及竞争对手的信息等，通过日积月累的工作经验，对自己的工作能力有足够的了解，并且能根据企业经营环境的变化合理估计和评估企业的经营业绩。这些信息是下属员工私人所拥有的，不被上级所掌握，这就使得上级和下属在预算管理过程中存在信息不对称，下属拥有更多的信息，进而导致上级与下属在预算管理过程中的利益冲突。上级希望下属能够从部门和企业的视角出发，最大限度地提升公司的业绩，同时也为自己创造更多的报酬奖励以及获取晋升的机会；而下属则希望自己在低压力的工作环境下尽最少的努力完成业绩目标，获取晋升的机会以及得到更多的报酬。上级与下属之间的利益冲突使得下属可能会基于私利不向上级披露与自身和公司相关的真实信息，以便能够在预算谈判过程中获得更强的讨价还价能力。

公司的上级和下属都是有限理性的社会人，都在经济活动中寻求效用最大化，这种目的在预算管理过程中也存在，上级与下属在预算管理过程中的博弈、协商、谈判等行为都基于自身效用最大化目标。由于上级存在信息劣势，对下属的真实能力和情况无法掌握，也无法预料未来的各种不确定性，他们在预算谈判过程中无法做到百密而无一疏，无法签订出完美的契约，从而也就产生了预算松弛问题。

3. 逆向选择和道德风险在预算管理中的体现

如果企业的预算编制方式是参与式的，且以下属的预算执行结果作为其业绩考核的依据，逆向选择和道德风险等行为就会在预算管理中存在。逆向选择是由下属造成的，发生在预算契约签订之前。参与式预算的上下级会协商预算目标，而在协商谈判过程中，预算下属由于有信息优势，他们经常会隐藏部分信息，或者不真实报告信息，从而为自己在预算谈判时争取更多的筹码，有意制定松弛的预算目标以便更加轻易地完成目标，这就是逆向选择导致的预算松弛问题。如生产部门的员工在预算谈判时，会有意低报自己的生产能力，并就相关信息进行隐瞒，让上级感受到工作难度，一旦上级认可了他们的信息，他们就会更容易地完成预算目标。这种做法严重损害了预算的资源配置功能，进而使得整个企业的资源配置紊乱，不利于提升公司的业绩。

而道德风险发生在预算契约签订之后，下属会通过隐藏行动或信息等方式来损害企业的利益。预算目标制定后，下属的薪酬、奖励以及职位晋升就直接与预算目标的完成情况相关联，导致下属在预算执行过程中会隐瞒对自己不利的信息，或者隐瞒自己的消极行为，以便能够获得基于预算目标的奖励和报酬。如在拓展市场时，销售人员即使发现销售群体比他们估计的要多得多，他们也不会将这一情况向上级报告，而是通过谎报市场是由他们开拓的，来证明自己的工作努力程度，从而超额完成业绩目标。预算目标确定后，生产部门的员工也会产生道德风险问题。如果预算目标是松弛的，生产部门的员工在生产过程中会消极怠工、偷懒，但是又要表现出工作十分努力，以此来掩饰他们的消极怠工行为。下属隐藏信息或行动的行为歪曲了预算的资源配置功能，降低了企业的经营效率。

二　权变理论

委托代理理论目前被广泛应用到预算松弛的相关研究中，除了委托代理理论，权变理论也是西方学者研究预算松弛的重要理论。权变理论认为企业编制松弛的预算是为了储备充足的资源以应对未来的不确定性，为未来企业内外部环境不确定性提供重要的缓冲。企业的成长性、市场竞争程度、经济不确定性等内外部环境不确定性影响了企业如何设计其管理控制系统，进而影响了企业的预算松弛程度。因此，根据企业的战略目标，保留一定程度的预算松弛，能够更好地帮助企业应对内外部环境的变化。如果企业采取的是防御型或低成本战略，其产品的销售范围相对较窄，市场发展进程也相对缓慢，在市场竞争中更加追求低成本、标准化以及无差异化的产品、规模经济；相反，如果企业采取进攻型或差异化战略，在市场中更加注重差异化的产品。由于后者比前者面临的不确定性更大，后者情况下企业更有可能通过编制松弛预算来应对不确定性。因此，权变理论也是本书的一个重要理论基础。

20 世纪 60 年代末期，经验主义学派首次提出了权变理论，该理论的核心思想就是根据具体情况采取具体的应对措施。权变理论随后在美国受到学术界和实务界的广泛关注，主要原因是当时美国经济形势不稳定、社会也较为动荡，中东的石油危机给美国的经济造成了严重的影响，美国企业面临着极其不确定的内外部环境。而当时比较著名的管理科学理论以及行为科学理论等均无法解决企业面临的各种问题，实务界以往普遍追求的管理理论在当时变得不再适用，这使得理论界和实务界不得不重新探索一种更好的管理理论和方法。在这种背景下，管理学家开始意识到企业的管理没有固定的模式和方法，企业必须根据实际情况做好管理工作，于是就产生了权变理论，该理论的要点就是权宜应变。

权变理论的一个重要特点就是利用系统观点来解决问题，他们认为由于不存在统一有效的管理模式，因此只要是能够解决实际问题的管理模式，就是有效的。这种思想推动了管理理论更加向实用主义方向发展。要想找到行之有效的方法首先需要充分了解企业的内外部实际情况，这就要借助系统观点来考虑问题。系统观点要求从整个组织出发，通过组织内部各个系统间的相互联系，来确定存在各种可能的结构模型。因此，在权变理论下，由于企业的内外部环境、状况都存在较大的差异，所以不存在一套普遍适用的管理原则和方法，即管理理论和实务是在不断变化的，组织需要根据所面临的内外部条件不断改变创新，针对所处的环境寻求一套合适的方案、管理模式与方法。该理论的代表人物包括豪斯、卢桑以及费德勒等。另外一些学者认为权变理论也是一种行为理论，在公司的经营管理活动中，没有一套固定完善的管理方法，帮助企业做出决策和整合团队。虽然某一种决策方式或领导风格在当时的条件下应用效果可能较好，但是换成另外一种情况，这些优势都会丧失，因为不同情景性，组织面临的内外部环境以及决定因素是不同的。

权变理论的中心思想包括三个方面的内容。第一，随着企业规模的扩大以及市场竞争程度的提升，企业应该结合内外部环境系统的变化情况采取相对应的管理措施。任何一个企业组织可以视作整个社会大系统中的一个子系统，这个子系统也会受到各种环境变化的影响。因此，企业需要结合自身在社会大系统中的作用及当时的处境，相对应地采取各种管控措施，从而更好地适应环境，寻求更好的顾客服务以及更优质的产品。第二，企业组织的管理方法需要依据环境的变化不断进行调整。企业的各项组织活动是适时地根据内外部环境的不断变化通过反馈的方式向组织整体目标趋同。因此，需要结合企业的长短期目标和当时所处的环境，不断调整管理方式。第三，企业管理的效果最终体现为企业各要素之间的相互作用过程和结果。因此，企业在确定管理方式时，需要根据内部各个要素的关系，并且依据一定的函数关系。

总之，权变理论强调的是企业的各项管理控制活动必须适应企业当时所处的内外部环境，并不存在一套固定的管理模式。具体到企业的预算管理控制决策，在权变理论下，预算管理控制系统是否有效既取决于它的建立方式，还取决于它是否与组织结构、外部市场竞争程度、公司战略目标等相适应。因此，预算松弛是预算管理过程中根据企业面临的内外部环境不断进行调整而形成的，能够更好地帮助企业应对外部环境不确定性，缓冲风险。

三　预算管理理论

预算管理自诞生之日起，发展至今不足一百年时间，它是伴随经济管理发展的需要而产生的，也是企业为了应对内外部环境而采用的。预算管理理论受到了经济学理论与管理学理论的影响。James Oscar McKinsey 于 1922 年在著作《预算控制》中首次对预算管理的方法和理论进行了介绍，这也意味着企业的预算管理初步形成。虽然当时预算管理被用于帮助企业应对内外部环境的变化，从而提升经营管理效率，并且起到了重要的作用，但是预算管理由于尚不完善，发挥的作用及应用领域相对有限，主要采用自上而下的预算编制方式，忽视了企业中关于人的因素，对组织人员之间的相互影响也考虑不足。

20 世纪 40 年代末期，众多新的管理思想在西方产生，以及众多的新学科和学派不断出现，极大地影响了预算管理理论的发展，其中对预算管理影响最大的学科是行为科学。预算管理理论纳入了行为科学的内涵，已经实施了预算管理的企业逐渐让员工参与到预算管理中来，预算编制方式由传统的自上而下变成了上下结合，参与式预算编制方式逐步发展起来。让员工直接参与到预算编制过程中，能够使得预算标准更体现人性化和符合企业的实际情况，同时也有利于预算执行人员深入理解预算，从而根据预算目标努力工作，合理配置企业的资源，并使它们能够得到充分有效地利用（余绪缨，1990）。这一阶段，产生了预算参与。

随着行为科学被广泛应用到预算管理中，委托人会将预算的结果同预算目标进行比较，并以此作为部门和员工业绩考核的依据，这种考核方式会直接影响管理层及员工随后的行为。该阶段预算目标完成情况作为经营管理业绩评价依据的预算强调产生了，学者更加强调预算管理会受到企业内外部各种环境的影响，预算管理理论的实质与外延不断得到丰富和发展，主要体现为：首先，受到行为科学的影响，预算管理作为一种管理控制系统，会直接影响公司的业绩和绩效，通过制定激励性的预算目标、参与式程度更高的预算目标能够有效地激励员工，提升公司的绩效；其次，企业的内部控制系统逐渐吸纳了预算管理，并且能够将一些重要的问题纳入同一个系统中（Otley，1999）。

这一阶段随着预算管理的发展，预算松弛现象不断出现。如 Lowe 和 Shaw（1968）发现在销售部门经理"报酬多少取决于预算实现程度"这一报酬系统下，不断有预算松弛现象的发生。Schiff 和 Lewin（1968）的研究也发现预算松弛问题在企业中普遍存在。随后预算松弛问题成为学术界和实务界难以解决的一个问题，从 20 世纪 70 年代至今，对预算松弛问题的研究不断深入，这充分说明预算松弛问题广泛受到西方学术界的关注。

自 1985 年开始，企业的预算管理理论和实践逐渐成熟起来，尤其是随着社会经济由传统的工业经济向新时代的知识经济转变，企业面临的经营环境不确定性更大、竞争也更为激励，企业组织内部出现了模块化等特征。企业组织出现的这些变化使得传统的预算管理难以适应环境发展的需要，并且预算管理也面临更高的管理成本以及更为严重的各个预算主体之间的利益冲突和矛盾，这使得传统的预算管理同企业面临的环境不相适应。

学术界针对预算管理出现的这些情况逐步形成了两种截然

不同的观念。一种观念是改进预算管理，另一种观念是超越预算管理。前者强调预算管理需要根据企业内外部的各种问题进行改进和优化，从而使得预算管理能够更加有效地为企业服务；后者则认为预算管理展现出的众多问题，说明预算管理是无效的，企业应该摒弃预算管理，通过其他的管理手段取代预算管理。预算松弛从本质上来说属于预算管理改进观。因此，需要深入分析预算松弛的经济后果，从而更好地完善预算管理。

四 行为科学理论

行为科学重点关注的是人类的系列行为以及做出这些行为背后的原因。该学科是侧重这些关注点而成的一门综合性的学科，具体包括人的欲望、需求、动机等几类，结合心理学对人们的各种行为进行概况总结，得出一套规律。行为经济学则通过利用人们的行为规律完善公司治理机制，优化生产，全面提升企业的经营活动水平。

美国著名的心理学家 Watson 在 20 世纪 20 年代初期就提出了行为主义理论，他将行为学概括为围绕客观外显性这一研究对象，主要研究人们的行为以及它们与外部环境之间的关系。他强调，企业不需要关注员工的隐性心理活动，只需要关注企业内部的各项管理制度同员工反应之间的客观显性关系。Kurt Lewin 进一步从人的意志动机出发，认为人们的各项行为与其所处的外部环境是密切相关的，因此提出人们的各项动机是受到人们的环境刺激以及自身内在需求影响的，动机一旦产生，人们就会付出各项行动。亚伯拉罕·马斯洛于 1943 年进一步研究了人们的内在需求，并且完成了著作《人类激励理论》。他将人们的需求分成生理需求、安全需求、情感和归属的需求、自尊需求以及自我实现的需求等自下而上的五种层级的需求，正是这些需求形成了动机，它们也是促使人们不断成长的动力，因此需要将人的需求同反应动态联系起来。

现有学者对行为科学的理论探讨主要集中在激励理论以领导方式理论等方面。激励理论主要研究各种需求动机与行为之间的关系，这是各种激励措施的起点。其中比较著名的激励理论有马斯洛的需求层次理论、斯金纳的强化理论以及双因素理论等。而领导方式理论主要探讨的是企业上下级之间的相处模式、领导行为以及领导对待员工的态度，这些直接影响员工的工作积极性，包括 X – Y 理论、莫尔斯的超 Y 理论和威廉·大内的 Z 理论等。

从本质上来说企业预算管理是人的活动，预算编制、执行、考核与激励整个流程都会受到人们的各种行为的影响，人们的行为直接影响预算管理活动。因此，行为科学理论同样适用于对预算松弛问题的研究。由于经济人的自利性质，在预算编制时，获得更多的报酬和奖励，以便实现自身利益的最大化，这种动机的刺激，使得企业在预算管理过程中产生预算松弛行为。当然，自利动机不仅包括物质上的奖励，还包括工作过程中的偷懒、更高的荣誉和社会地位等。

第四章　预算松弛对企业
风险承担的影响

　　企业风险承担是指企业愿意为获取好的收益或市场机会而承担风险，作为一项重要的风险投资决策，反映了企业对投资决策过程中可能存在风险的偏好程度（苏坤，2015；Faccio et al.，2011；李文贵和余明桂，2012）。较高水平的风险承担不仅能帮助公司提升财务绩效、获取较高的投资回报率及长期竞争优势（John et al.，2008；解维敏和唐清泉，2013）；也能够推动整个社会的技术进步、提高生产效率，促进经济的长期发展（De Long and Summers，1991；John et al.，2008；解维敏和唐清泉，2013）。学者们主要在委托代理框架内研究风险承担。委托代理理论下，管理层为追求个人财富、避免声誉损失以及保持工作稳定等，倾向于放弃净现值为正的风险项目，选择保守性投资项目，管理层具有较强风险规避动机（张敏等，2015；John et al.，2008）。因此，管理者的背景特征和心理特征，如管理者过度自信对企业风险承担行为存在影响（Cain and McKeon，2016；Faccio et al.，2011；李文贵和余明桂，2012；Acharya et al.，2011；余明桂等，2013）。

　　然而，企业风险承担水平除受管理层意愿影响，还受企业资源约束的制约（张敏等，2015）。企业风险承担是一项资源消耗性活动，具有很强的资源依赖性（Chirinko and Fazzari，1988；Almeida and Campello，2007；卢馨等，2013）。如果无法获取足够的资源支持，企业在进行投资时就会面临较大的资源约束，导致投资效率低下，甚至投资失败。企业的风险承担行为需要财力、人力、技术等资源，并且这些资源贯穿于风险投资的各个阶段，是风险投资成功的重要保障。由于代理问题的存在，管理层可以通过正式的管理控制手段从委托人那里获取更多的资源。

预算则具有明显的资源配置功能，在外部获取资源手段有限的条件下，管理层越来越倾向于通过预算从委托人那里获取投资、生产等活动所需要的资源（吴粒等，2012）。管理层在事前制计未来经营期间的资源配置计划，以达到实现组织目标、提高产出效率的目的（Carter and Zimmerman，2000；Chow et al.，1988）。

预算编制过程中，预算编制者可能通过低估收入或产能、高估成本或拟耗费资源，即预算松弛行为（Dunk and Nouri，1998），掌握更多可支配资源，用于未来的创新活动（Majumdar and Venkataraman，1993；Zajac and Bazerman，1991）。此外，根据权变理论，预算松弛是管理层为了应对未来不确定性，有意高估所需资源或低估生产能力，为企业面临的环境不确定性提供缓冲（Merchant，1985），改变经济主体的风险偏好，从而影响企业的风险承担水平（张先治和翟月雷，2009）。综合来看，预算松弛是指管理层有意高估实际所需要的资源或有意低估生产能力，拥有更多可支配资源的能力和决策自主权（Antle and Fellingham，1990；Grinyer et al.，1986），能够为管理层的风险投资活动提供所需要的资源，改变管理层的风险偏好，影响企业的风险承担水平。

已有预算松弛经济后果相关文献主要集中在盈余管理、公司绩效方面（潘飞和程明，2007；Steel and Mento，1986），较少研究预算松弛对企业风险承担水平的影响。因此，本章基于预算松弛研究管理层在正式制度安排下的资源获取能力与风险承担水平之间的关系，有助于深化现有文献对企业风险承担影响因素的解释，并为企业提高风险承担水平、提升长期竞争力提供借鉴。

一　预算松弛对企业风险承担影响的理论分析

（一）　预算松弛"蓄水池"效应与风险承担强化

权变理论下，预算松弛能够帮助企业缓冲风险（Merchant and Manzoni，1989），在管理过程中企业需要根据所处的环境及时做出调整，因此，在预算编制过程中会编制松弛的预算以抵御风险（Lukka，1988）。管理层高估所需资源，从而获得超出现有业务所需的资源，并为正在进行的项目提供资金（Cyert and March，1963）。这样做既能使组织得到缓冲风险所需的多余资源，又能改变管理层的风险偏好。同时，预算松弛促进了研发（R&D）以及管理层对新项目的追求，过度的预算松弛无疑会刺激研发支出，从而导致许多新项目的推行（Yang et al.，2009）。Bourgeois（1981）的研究认为预算松弛导致管制的放松，意味着管理层面临的不确定性较强，可得到和使用的资金较多，允许追求创新计划，在一个组织中培养研究和发展的文化。与此对应，Nohria 和 Gulati（1996）则研究发现预算紧缩的组织面临更大的预算压力，管理层的注意力可能首先集中在短期绩效问题上，而不是不确定的创新项目上。

企业风险承担行为对资源的依赖性较强，需要投入和消耗大量的资源（Chirinko and Fazzari，1988；Almeida and Campello，2007；卢馨等，2013）。如果企业在投资时没有资源支撑，面临资源约束，就会降低资源的投资效率，甚至会造成投资失败（李延喜等，2007；连玉君和苏治，2009）。企业在进行风险投资时需要的资源包括投资项目、技术、资金、土地等，这些资源贯穿于风险投资的各个阶段，影响企业的风险承担水平（张敏等，2015）。预算松弛是管理层有意高估实际所需要的资源或有意低估生产能力，拥有更多可支配资源的能力和决策自主权（Antle and Fellingham，1990；Grinyer et al.，1986），能够为管理层的风险投资活动提供所需要的资源，改变管理层的风险偏好，影响企业的风险承担水平。

因此，本章认为管理层通过预算松弛可以为风险承担行为蓄积以下资源。

第一，预算松弛蓄积经济资源，这是指预算松弛为管理层的风险承担活动提供所需物质资源。权变理论下预算松弛是指管理层高估所需资源，从而获得超出现有业务所需的资源（Cyert and March，1963），为未来的高风险投资项目提供资金。同时，预算松弛可以降低企业进行风险投资所需资金的成本。预算松弛情况下管理层通过内部正式制度分配得到资源，与负债和外部融资相比，内部资源的成本较低，因此预算松弛促使管理层更愿意进行风险投资活动。

第二，预算松弛蓄积财务资源，这是指预算松弛为管理层风险承担活动的潜在损失做好财务缓冲。企业风险承担水平较高意味着企业拥有高风险、高收益的投资机会（刘志远等，2017），同时面临着高损失可能。而管理层可以通过低估收入、高估成本的预算松弛行为（Dunk and Nouri，1998），为高风险投资潜在损失的表内确认提供财务对冲，减弱风险损失对利润表的负向冲击。面对高风险投资存在的不确定性因素，预算松弛成为应对不确定性事件的重要缓冲垫，可以改变经济主体的风险偏好，提升管理层的风险承担水平（Merchant and Manzoni，1989）。

综上分析，预算松弛通过增强管理层的资源配置能力和表内损失缓冲能力，提高企业的风险承担水平。因此，本章提出如下假设：

H4－1：企业通过预算松弛提升风险承担水平。

（二）管理层激励的调节作用

1. 薪酬激励——显性激励调节作用

由于管理者的专用性人力资本和个人财富高度依赖于他们所供职的企业，出于职业关注和个人私利（如在职消费等）的考虑，管理者不愿意承担过高的风险，他们甚至会放弃一些风险相对较高但净现值为正的投资项目，违背公司股东的利益（Kempf et al.，2009）。管理层追求私有收益的动机显著降低了企业风险承担水平（John et al.，2008；Kim and Lu，2011）。Senteney 等（2004）认为基于年度会计指标的短期奖励使经理放弃了风险高回报时间长的投资项目，降低了企业的风险承担水平。

预算作为一种重要的管理控制工具，具有计划和控制功能，其中计划功能包括资源分配等，能够为公司的投资活动优化资源配置，预算的控制功能包括激励和考评等内容。如果同时发挥预算的计划功能和控制功能就会引发功能冲突。由于在预算编制过程中，管理层与股东和董事会存在信息不对称，如果将预算同高管（货币）薪酬激励相挂钩，管理层会有意低估收入或高估成本或资源。虽然预算松弛能够为管理层带来可支配和使用的资源，但是由于松弛的预算目标较为容易实现，管理层会基于高管薪酬等私人利益不愿意承担风险，放弃净现值为正但存在风险的项目，降低企业的风险承担水平。而预算被广泛应用于对企业各责任中心经理人的业绩评价，并与经理人的职位晋升和薪酬相挂钩（叶建芳等，2014）。相对于其他业绩评价指标，预算是被使用得最多的业绩评价指标（潘飞和程明，2006）。由于预算松弛意味着管理层有意低估收入，预算目标更容易实现，基于绩效考核，将管理层的薪酬激励与预算相联系，更容易激发管理层的短视行为，使之宁愿放弃净现值为正的项目，从而降低企业的风险承担水平。因此，本章提出如下假设：

　　H4-2：高管薪酬激励抑制了预算松弛对企业风险承担的正向作用。

2. 在职消费——隐性激励调节作用

企业为管理层提供在职消费，主要是为了帮助管理层积累"关系资本"，从而帮助公司获得订单和债务融资优势（张璇等，2017；Rajan and Wulf，2006）。虽然部分学者认为高管的在职消费作为一种隐性激励机制，能增强管理层的积极性，从而提升公司的绩效（Rajan and Wulf，2006）；但是，也有部分文献发现管理层可能会滥用在职消费，牟取个人私利，从而损害公司价值（郝颖等，2018）。由于预算松弛可能会降低管理层的业绩考核压力，而实施高风险投资项目需要高管投入更多的精力和努力，所以较低的业绩考核压力会使得高管将在职消费用于个人消费（郝颖等，2018），而非用于维持客户关系以完成业绩目标。因此，本章认为在职消费水平越高，高管越没有精力、动力来管理高风险投资项目以提升公司风险承担水平，从而削弱预算松弛的风险承担效应。因此，提出如下假设：

　　H4-3：高管在职消费削弱了预算松弛对企业风险承担的正向作用。

二　预算松弛对企业风险承担影响的实证检验

(一) 研究设计

1. 样本选择与数据来源

本章选取 2003～2017 年全部 A 股非金融类上市公司为研究

样本，预算收入数据来自2002～2016年的上市公司年报，通过手工搜集整理而得，在整理过程中遵循如下规则：2003年的数据会在2002年的年报中披露，披露位于下一年年度展望中。最终得到的有效预算收入数据为5059个。其他财务数据均来自国泰安（CSMAR）数据库。为了避免极端值的影响，对所有数据进行了1%分位的缩尾（Winsorize）处理。

2. 研究模型与变量定义

为了验证假设 H4－1，我们运用如下模型：

$$RiskTaking = \alpha_0 + \alpha_1 Slack + \alpha_2 Lev + \alpha_3 Sup + \alpha_4 Growth + \alpha_5 Chair\_Ceo$$
$$+ \alpha_6 Roa + \alpha_7 Year + \alpha_8 Industry \qquad (4-1)$$

式（4－1）中，被解释变量为 $RiskTaking$，代表了企业的风险承担水平，我们参照余明桂等（2013）的做法，用股票收益的波动率来表示[①]：

$$RiskTaking = \sqrt{\frac{1}{N-1}\sum_{n=1}^{N=3}\left(ADJ\_Roa_{in} - \frac{1}{N}\sum_{n=1}^{N=3}ADJ\_Roa_{in}\right)^2}$$

其中，$ADJ\_Roa_{in} = \dfrac{EBIDTA_{in}}{ASSET_{in}} - \dfrac{1}{Xn}\sum\dfrac{EBIDTA_{in}}{ASSET_{in}}$。$EBITDA$ 表示税息折旧及摊销前利润，i 表示企业，n 表示年度，$ASSET$ 表示资产总额；Roa 为 $EBITDA$ 与 $ASSET$ 的比值，ADJ_Roa 为采用行业平均值调整后的 Roa。

核心解释变量为 $Slack$，代表了预算松弛。参照潘飞和程明（2007）的度量方法，$S = 1 - \left[(I_t^* - I_{t-1})/I_{t-1} - I_{t-1}^*\right]$。其中，$I_t^*$ 表示上市公司在第 $t-1$ 年年报中披露的对第 t 年营业收入的预算目标，I_{t-1} 表示上市公司第 $t-1$ 年实现的营业收入，

---

① 国外计算风险承担水平一般采取5年期，由于我国高管任期为三年，因此参照余明桂等（2003）的做法，采用3年期。

I_{t-1}^{*} 表示第 $t-1$ 年上市公司所处行业的平均营业收入增长率。在此基础上，如果 S 的值小于 1，则表明公司预算编制偏紧，Slack 取值为 0，反之，表明预算编制松弛，Slack 取值为 1。

控制变量方面，本章参照郭瑾等（2017）、张敏等（2015）和余明桂等（2013）的研究，考虑了可能对企业风险承担水平产生影响的因素：Lev 代表资产负债率；Sup 代表监事会规模；Growth 代表销售增长率；Chair_Ceo 代表董事长和总经理是不是同一人，是同一人取值为 1，反之取值为 0；Roa 代表资产收益率。此外，我们还控制了年度和行业的影响。

为了验证假设 H4-2，我们参照刘志远等（2017）的模型：

$$RiskTaking = \beta_0 + \beta_1 Slack + \beta_2 Salay + \beta_3 Salay \times Slack + \beta_4 Lev + \beta_5 Sup$$
$$+ \beta_6 Growth + \beta_7 Chair\_Ceo + \beta_8 Roa + \beta_9 Year + \beta_{10} Industry$$

$$(4-2)$$

式（4-2）在式（4-1）的基础上增加了变量 Salay 以及它与 Slack 的交互项。其中，Salay 为高管薪酬激励，参照方军雄（2012）、马德林和杨英（2015）以及柴才等（2017）的研究，采用"年报中披露的全体高管货币薪酬总和的自然对数"表示。交互项 Salay × Slack 用来表示高管薪酬激励与预算松弛的交互作用，若它的估计系数 β_3 显著为负，说明高管薪酬激励抑制了预算松弛对企业风险承担的激励作用。根据假设 H4-2，预期 β_3 显著为负。

为了验证假设 H4-3，我们参照刘志远等（2017）的做法，构建如下模型：

$$RiskTaking = \chi_0 + \chi_1 Slack + \chi_2 Lnperks + \chi_3 Lnperks \times Slack + \chi_4 Lev$$
$$+ \chi_5 Sup + \chi_6 Growth + \chi_7 Chair\_Ceo + \chi_8 Roa + \chi_9 Year$$
$$+ \chi_{10} Industry$$

$$(4-3)$$

式（4-3）在式（4-1）的基础上增加了变量 Lnperks 以

及它与 $Slack$ 的交互项。其中，$Lnperks$ 为高管在职消费，参照晏艳阳等（2015）与张敏等（2015）的做法，采用支付的其他与经营活动有关的现金总额的自然对数衡量在职消费水平。交互项 $Lnperks \times Slack$ 用来表示高管在职消费与预算松弛的交互作用，若 $Lnperks \times Slack$ 的估计系数 χ_3 显著为负，说明高管在职消费削弱了预算松弛对企业风险承担的激励作用。根据假设 H4-3，预期 χ_3 显著为负。

（二）实证分析

1. 描述性统计分析

表 4-1 所示为主要变量的描述性统计结果。其中，企业风险承担（$RiskTaking$）的均值为 0.07，最小值为 0，最大值为 1.250，说明我国上市公司风险承担水平的个体差异性较大。

表 4-1　变量描述性统计

变量	均值	标准差	25 分位数	75 分位数	最小值	最大值
$RiskTaking$	0.070	0.150	0.010	0.060	0	1.250
$Slack$	0.500	0.500	0	1	0	1
$Salay$	14.82	0.870	14.28	15.39	12.54	16.85
$Lnperks$	18.86	1.33	17.97	19.69	15.85	22.57
Lev	0.520	0.200	0.380	0.660	0.090	1.040
Sup	1.360	0.300	1.100	1.610	1.100	2.200
$Chair\_Ceo$	0.200	0.400	0	0	0	1
$Growth$	0.450	1.540	-0.060	0.360	-0.730	11.65
Roa	0.05	0.06	0.03	0.07	-0.019	0.23

表 4-2 所示为企业风险承担组间均值和中位数的比较结果，按照预算松弛（$Slack$）的均值分组。均值差异检验结果显

示，在预算松弛程度较高组，企业风险承担的均值为 0.0712，在预算松弛程度较低组企业风险承担的均值为 0.0628，均值差异在 5% 的水平下显著。中位数差异检验结果显示，在预算松弛程度较高组，企业风险承担的中位数为 0.0710，在预算松弛程度较低组企业风险承担的中位数为 0.0629，中位数差异在 10% 的水平下显著。均值和中位数差异检验均显示两组样本存在显著差异，且预算松弛程度较高组的企业风险承担水平高于预算松弛程度较低组，初步支持了假设 H4 - 1。

表 4 - 2　预算松弛程度高低组企业风险承担的差异检验

分组类别	均值				中位数			
	N（个）	均值	均值差异	P 值	N（个）	中位数	中位数差异	P 值
预算松弛程度较高组	2508	0.0712	0.0084	0.0477	2529	0.0710	0.0081	0.0560
预算松弛程度较低组	2551	0.0628			2530	0.0629		

2. 变量相关性分析

在此对模型中变量间的 Pearson 相关性进行分析，表 4 - 3 所示为数据分析结果。结果显示，预算松弛与企业风险承担的相关系数显著为正，说明预算松弛能够提升企业的风险承担水平，初步验证了假设 H4 - 1。*Salay* 与 *RiskTaking* 的相关系数显著为负，说明高管薪酬激励水平越高，企业的风险承担水平越低，高管薪酬激励抑制了企业的风险承担能力。*Lnperks* 与 *RiskTaking* 的相关系数显著为负，说明高管在职消费水平越高，企业的风险承担水平越低，高管在职消费抑制了企业的风险承担能，这与张洪辉和章琳一（2014）的研究结论相一致。

表 4-3　变量间的 Pearson 相关系数

变量	RiskTaking	Slack	Salay	Lnperks	Lev	Sup	Chair_Ceo	Growth	Roa
RiskTaking	1								
Slack	0.028**	1							
Salay	-0.146***	-0.0190	1						
Lnperks	-0.142***	-0.022	0.533***	1					
Lev	0.0150	0.00800	0.00200	0.257***	1				
Sup	-0.0170	0.00100	0.094***	0.112***	0.107***	1			
Chair_Ceo	0.00900	-0.024*	-0.143***	-0.073***	-0.052***	-0.043***	1		
Growth	0.032**	0.0120	-0.0150	-0.007	0.102***	-0.057***	0.00400	1	
Roa	-0.034***	-0.018	0.231***	0.098***	-0.319***	-0.007	-0.022	-0.005	1

注：*、**和***分别表示10%、5%和1%的显著性水平，余同。

3. 回归分析

为了检验预算松弛对企业风险承担的影响是否可靠，同时排除多重共线性和异方差带来的问题，表4-4列示了基于式（4-1）的逐步回归结果。结果显示，预算松弛的系数在5%或10%的水平下显著为正，说明预算松弛对企业风险承担的正向影响比较稳定。列（4）的经济含义是在限定其他条件的情况下，预算松弛每提升一个标准差，企业风险承担提升0.009个标准差，表明企业通过编制松弛的预算能够提升自身的风险承担水平，说明预算松弛对企业是有利的，验证了假设H4-1，证实了预算松弛的权变观。

表4-4 预算松弛与企业风险承担

变量	（1）	（2）	（3）	（4）
Slack	0.008**	0.009**	0.008*	0.009**
	(0.048)	(0.019)	(0.069)	(0.024)
Lev			0.004	0.023**
			(0.706)	(0.040)
Sup			-0.009	-0.004
			(0.213)	(0.524)
Chair_Ceo			0.003	0.006
			(0.510)	(0.228)
Growth			0.003**	0.002
			(0.037)	(0.198)
Roa			-0.082**	-0.034
			(0.028)	(0.337)
_cons	0.063***	0.029	0.075***	0.016
	(0.000)	(0.413)	(0.000)	(0.656)
Year	NO	YES	NO	YES

续表

变量	（1）	（2）	（3）	（4）
Ind	NO	YES	NO	YES
N（个）	5059	5059	5050	5050
adj. R-sq	0.001	0.168	0.002	0.170

注：括号内为 P 值，余同。

表 4 - 5 列示了基于式（4 - 2）的回归结果。列（1）中，
$Slack$ 的回归系数为 0.172，在 1% 的水平下显著；$Salay$ 的系数
为 - 0.016，在 1% 的水平下显著；$Salay$ 与 $Slack$ 的交互项系数
为 - 0.011，在 5% 的水平下显著。列（2）中，$Slack$ 的系数仍
然在 1% 的水平下显著，说明预算松弛提升了企业的风险承担
水平，进一步支持了假设 H4 - 1；$Salay$ 的系数显著为负，说明
高管薪酬激励降低了企业的风险承担水平；列（1）和列（2）
中 $Salay$ 与 $Slack$ 的交互项系数为 - 0.011，并在 5% 的水平下显
著，说明高管薪酬激励削弱了预算松弛的风险承担效应，假设
H4 - 2 得到了支持。

表 4 - 5　高管薪酬激励、预算松弛与企业风险承担

变量	（1） 全样本	（2） 全样本	（3） 薪酬激励水平较低组	（4） 薪酬激励水平较高组
$Slack$	0.172 *** (0.010)	0.172 *** (0.009)	0.021 *** (0.003)	- 0.001 (0.728)
$Salay$	- 0.016 *** (0.000)	- 0.017 *** (0.000)		
$Slack \times Salay$	- 0.011 ** (0.014)	- 0.011 ** (0.013)		
Lev		0.032 *** (0.005)	0.060 *** (0.002)	- 0.014 (0.215)

续表

变量	（1）全样本	（2）全样本	（3）薪酬激励水平较低组	（4）薪酬激励水平较高组
Sup		0.005	− 0.025 **	0.025 ***
		(0.489)	(0.041)	(0.000)
Chair_ Ceo		0.001	0.002 **	0.003
		(0.204)	(0.049)	(0.212)
Growth		0.002	0.001 ***	0.002
		(0.119)	(0.000)	(0.187)
Roa		− 0.013	− 0.079 **	− 0.025
		(0.309)	(0.032)	(0.312)
_cons	0.240 ***	0.230 ***	0.006	− 0.008
	(0.000)	(0.000)	(0.918)	(0.873)
Year	YES	YES	YES	YES
Ind	YES	YES	YES	YES
N（个）	5050	5050	2520	2530
adj. R-sq	0.179	0.181	0.184	0.234

为了检验高管薪酬激励的影响，在此按照高管薪酬激励的中位数将样本分为薪酬激励水平较低组和较高组，分组检验预算松弛对企业风险承担的影响。列（3）中 *Slack* 的系数为 0.021，在 1% 的水平下显著，说明在高管薪酬激励水平较低组，预算松弛对企业风险承担的正向影响较强，而列（4）中的结果表明，在高管薪酬激励水平较高组，预算松弛对企业风险承担的影响不显著。并且在差异检验中，*Slack* 系数的组间差异为 0.022，在 1% 的水平下显著，说明高管薪酬激励更容易激发管理层的短视行为。由于松弛的预算目标较容易实现，为了获取薪酬奖励，基于容易实现的预算目标，管理层更愿意放弃净现值为正但存在风险的项目，降低了管理层的企业风险承担

水平，进一步验证了假设 H4 - 2，证实了预算松弛的代理观。

表 4 - 6 展示了高管在职消费对预算松弛影响企业风险承担的调节作用。列（1）中，$Slack$ 的回归系数为 0.102，在 10% 的水平下显著；$Lnperks$ 的系数为 - 0.010，在 1% 的水平下显著；$Lnperks$ 与 $Slack$ 的交互项系数为 - 0.005，在 10% 的水平下显著。列（2）中，$Slack$ 的系数仍然在 10% 的水平下显著，说明预算松弛提升了企业的风险承担水平，进一步支持了假设 H4 - 1；$Lnperks$ 的系数显著为负，说明高管的在职消费降低了企业的风险承担水平。列（1）和列（2）中 $Salay$ 与 $Slack$ 的交互项系数均为 - 0.005，并都在 10% 的水平下显著为负，说明高管在职消费负向调节了预算松弛的风险承担效应。考虑了高管在职消费后，预算松弛同样会引发新的代理问题，容易激发管理层的短视行为，由于松弛的收入目标较容易实现，更容易引起管理层的偷懒行为，管理层更愿意放弃净现值为正但存在风险的项目，降低了管理层的企业风险承担水平，验证了假设 H4 - 3。

表 4 - 6　高管在职消费、预算松弛与企业风险承担

变量	（1）	（2）
$Slack$	0.102 *	0.102 *
	(0.067)	(0.064)
$Lnperks$	- 0.010 ***	- 0.012 ***
	(0.000)	(0.000)
$Slack \times Lnperks$	- 0.005 *	- 0.005 *
	(0.090)	(0.085)
Lev		0.054 ***
		(0.000)

续表

变量	(1)	(2)
Sup		0.003
		(0.701)
Chair_Ceo		0.006
		(0.263)
Growth		0.001
		(0.479)
Roa		0.038
		(0.298)
_cons	0.214***	0.222***
	(0.000)	(0.000)
Year	YES	YES
Ind	YES	YES
N（个）	5057	5048
adj. R-sq	0.178	0.182

（三）进一步分析

1. 不同产权性质下预算松弛影响企业风险承担的差异

国企和民企对预算的规章制度存在较大的差异，影响了预算管理的环境（叶建芳等，2014）。国有企业与政府密切联系，更容易受到政府和银行的支持，融资约束较少（何鑫萍等，2017）。相对于国有企业，民营企业管理者获取资源的手段有限，更有可能通过松弛的预算获取资源，因此我们将样本分为国企与民企，分别考察预算松弛对企业风险承担的影响以及高管薪酬激励和在职消费对预算松弛影响企业风险承担的调节作用。因此，建立如下模型：

$$RiskTaking = \beta_0 + \beta_1 Slack + \beta_2 State + \beta_3 State \times Slack + \beta_4 Lev$$
$$+ \beta_5 Sup + \beta_6 Growth + \beta_7 Chair\_Ceo + \beta_8 Roa$$
$$+ \beta_9 Year + \beta_{10} Industry \qquad (4-4)$$

其中，$State$ 表示产权性质，为虚拟变量，1 代表民企，0 表示国企，并且加入了产权性质和预算松弛的交互项。

按照产权性质分别检验了预算松弛对企业风险承担的影响，结果如表 4 - 7 所示。结果显示，在国企中，$Slack$ 的回归系数虽然为正，但不显著；而在民企中，$Slack$ 的系数为 0.019，在 5% 的水平下显著。Wald 检验结果显示，系数差异在 5% 的水平下显著，说明相对于国企，预算松弛对企业风险承担的激励作用在民企表现得更为明显。列（3）中 $State$ 与 $Slack$ 的交互项系数为 0.018，在 5% 的水平下显著，进一步说明相对于国企，预算松弛对企业风险承担的激励作用在民企中表现得更为明显。

表 4 - 7 产权性质、预算松弛与企业风险承担

变量	（1） 国企	（2） 民企	（3） 全样本
Slack	0.004	0.019**	0.003
	(0.368)	(0.011)	(0.506)
State			0.001
			(0.845)
State × Slack			0.018**
			(0.029)
Lev	−0.029**	0.098***	0.025**
	(0.040)	(0.000)	(0.030)
Sup	0.007	−0.029*	−0.002
	(0.336)	(0.081)	(0.817)

变量	（1） 国企	（2） 民企	（3） 全样本
Chair_Ceo	0.014*	-0.002	0.005
	(0.056)	(0.848)	(0.322)
Growth	0.003	-0.000	0.002
	(0.127)	(0.990)	(0.209)
Roa	-0.109**	0.048	-0.034
	(0.015)	(0.445)	(0.347)
_cons	0.036	-0.066	0.015
	(0.334)	(0.664)	(0.675)
Year	YES	YES	YES
Ind	YES	YES	YES
N（个）	3364	1686	5050
adj. R-sq	0.173	0.199	0.171

为了检验高管薪酬激励抑制预算松弛的风险承担效应在不同性质企业下是否存在差异，在此在式（4-2）的基础上按照国企和民企分别进行了检验，具体结果见表4-8。结果显示，在国企和民企中，高管薪酬激励的系数均在1%的水平下显著，说明高管薪酬激励降低了企业的风险承担水平。并且在民企，预算松弛与高管薪酬激励交互项的系数为-0.014，在10%的水平下显著，在国企交互项的系数虽然也为负，但不显著。说明相对于国企，高管薪酬激励抑制预算松弛的风险承担效应在民企表现得更为明显。

表4-8　产权性质、高管薪酬激励、预算松弛与企业风险承担

变量	国企		民企	
	系数	P值	系数	P值
Salay	-0.016***	0.000	-0.017***	0.008

续表

变量	国企		民企	
	系数	P 值	系数	P 值
Slack	0.096	0.228	0.230 *	0.052
Slack × Salay	− 0.006	0.247	− 0.014 *	0.071
Lev	− 0.021	0.146	0.103 ***	0.000
Sup	0.014 *	0.075	− 0.018	0.283
Chair_Ceo	0.015 **	0.037	− 0.003	0.691
Growth	0.002	0.274	− 0.001	0.614
Roa	− 0.032	0.497	0.133 **	0.040
_cons	0.227 ***	0.001	0.150	0.399
Year	YES		YES	
Ind	YES		YES	
N（个）	3364		1686	
adj. R-sq	0.180		0.210	

对于国有企业，严格的薪酬管制使得高管有强烈的动机选择在职消费以弥补其薪酬激励不足，"一把手"负责制更是为高管利用在职消费过度自我激励提供了便利。预算松弛降低了管理层的业绩考核压力，在业绩压力较小的情况下，国企管理层更会放弃风险项目，以求稳定发展，转而寻求在职消费以实现自利。而非国有企业中，高管的薪酬没有受到管制，却面临严重的市场管制、金融信贷歧视，在职消费中的吃喝宴请、旅游娱乐等更可能是用于获取政府资源，经济性质为政商关系投资，短期内有利于提升经营绩效。在收入业绩的考核更容易实现的前提下，非国有企业管理层更有可能利用在职消费寻求会计利润、EVA 等的增加。因此，相对于民企，高管在职消费对预算松弛影响企业风险承担的负向调节作用在国企表现得更为明显。

因此，为了检验高管在职消费对预算松弛影响企业风险承担的负向调节作用在不同性质企业下是否存在差异，此处在式（4 - 3）的基础上按照国企和民企分别进行了检验，具体结果见表4 - 9。结果显示，在民企，预算松弛与高管在职消费的交互项系数为 - 0.001，但不显著，而在国企预算松弛与高管在职消费的交互项系数为 - 0.006，并在10%的水平下显著为负。说明相对于民企，高管在职消费的负向调节作用在国企表现得更为明显。

表4 - 9　产权性质、高管在职消费、预算松弛与企业风险承担

变量	国企		民企	
	系数	P值	系数	P值
Lnperks	- 0.008***	0.002	- 0.021***	0.000
Slack	0.110*	0.085	0.026	0.811
Slack × Lnperks	- 0.006*	0.093	- 0.001	0.933
Lev	- 0.004	0.766	0.137***	0.000
Sup	0.012	0.126	- 0.018	0.289
Chair_Ceo	0.014**	0.042	- 0.003	0.761
Growth	0.002	0.228	- 0.001	0.659
Roa	- 0.054	0.235	0.144**	0.024
_cons	0.171***	0.005	0.283*	0.095
Year	YES		YES	
Ind	YES		YES	
N（个）	3362		1686	
adj. R-sq	0.181		0.216	

2. 预算松弛与企业风险承担对企业价值的影响

余明桂等（2013）的研究发现，高水平的企业风险承担能够提升公司价值。而预算作为一项重要的管理控制工具，拥有

激励、控制和决策等功能，预算功能具有多重性，预算环境是
各种预算功能彰显的重要驱动因素，各项预算功能都伴随着相
应的预算特征，并对组织绩效产生不同影响（崔学刚等，
2011）。本章的研究发现，预算松弛能够提升企业的风险承担水
平，意味着它有助于管理层选择净现值为正但存在风险的项目。
那么，预算松弛是否会影响企业风险承担的经济后果？在此，
建立如下模型：

$$TobinQ = \beta_0 + \beta_1 RiskTaking + \beta_2 Lev + \beta_3 Sup + \beta_4 Growth$$
$$+ \beta_5 Chair\_Ceo + \beta_6 Roa + \beta_7 Year + \beta_8 Industry \qquad (4-5)$$

$$TobinQ = \beta_0 + \beta_1 Slack + \beta_2 Lev + \beta_3 Sup + \beta_4 Growth + \beta_5 Chair\_Ceo$$
$$+ \beta_6 Roa + \beta_7 Year + \beta_8 Industry \qquad (4-6)$$

$$TobinQ = \beta_0 + \beta_1 Slack + \beta_2 RiskTaking + \beta_3 RiskTaking \times Slack$$
$$+ \beta_4 Lev + \beta_5 Sup + \beta_6 Growth + \beta_7 Chair\_Ceo + \beta_8 Roa$$
$$+ \beta_9 Year + \beta_{10} Industry \qquad (4-7)$$

其中，被解释变量为企业价值，参照余明桂等（2013）的
做法，用 $TobinQ$ 来衡量，控制变量同式（4-1）。并且为解决
企业风险承担同企业价值可能存在的内生性问题，运用滞后一
期的 $TobinQ$ 进行回归，结果见表4-10。

表 4-10 预算松弛、企业风险承担与企业价值

变量	当期 TobinQ			滞后一期 TobinQ		
	(1)	(2)	(3)	(4)	(5)	(6)
RiskTaking	1.751***		1.111***	1.777***		0.300
	(0.000)		(0.000)	(0.000)		(0.219)
Slack		0.139***	0.050		0.151***	-0.037
		(0.000)	(0.204)		(0.001)	(0.467)

续表

变量	当期 *TobinQ*			滞后一期 *TobinQ*		
	（1）	（2）	（3）	（4）	（5）	（6）
Slack × Risk-Taking			1.108***			2.592***
			(0.000)			(0.000)
Lev	-2.253***	-2.206***	-2.252***	-2.280***	-2.232***	-2.286***
	(0.000)	(0.000)	(0.000)	(0.000)	(0.000)	(0.000)
Sup	-0.416***	-0.420***	-0.403***	-0.437***	-0.441***	-0.411***
	(0.000)	(0.000)	(0.000)	(0.000)	(0.000)	(0.000)
Chair_Ceo	0.132***	0.144***	0.128***	0.238***	0.250***	0.229***
	(0.008)	(0.004)	(0.010)	(0.000)	(0.000)	(0.000)
Growth	0.048***	0.051***	0.046***	0.085***	0.088***	0.082***
	(0.000)	(0.000)	(0.000)	(0.000)	(0.000)	(0.000)
Roa	1.657***	1.624***	1.663***	2.172***	2.140***	2.154***
	(0.000)	(0.000)	(0.000)	(0.000)	(0.000)	(0.000)
_cons	3.122***	3.073***	3.087***	3.779***	3.724***	3.792***
	(0.000)	(0.000)	(0.000)	(0.000)	(0.000)	(0.000)
Year	YES	YES	YES	YES	YES	YES
Ind	YES	YES	YES	YES	YES	YES
N（个）	5050	5050	5050	5050	5050	5050
adj. R-sq	0.353	0.332	0.357	0.285	0.271	0.296

表 4-10 的列（1）中企业风险承担对企业价值的影响系数为 1.751，并且在 1% 的水平下显著，说明企业风险承担每提高 1 个标准差，企业价值提升 1.751 个标准差。列（2）中预算松弛的系数为 0.139，在 1% 的水平下显著，说明预算松弛能够提升企业价值，预算松弛对公司是有利的，验证了预算松弛的权变观。列（3）中预算松弛与企业风险承担的交互项系数为 1.108，在 1% 的水平下显著，说明预算松弛程度越高，企业风险承担对

企业价值的提升作用越明显。采用滞后一期的 *TobinQ* 作为被解释变量，核心解释变量系数的大小和显著性未发生明显变化。

（四）内生性与稳健性检验

1. 内生性问题

在此利用 Heckman 两阶段分析方法控制样本自选择偏差问题。刘浩等（2014，2015）和叶建芳等（2014）认为上市公司业绩目标既受到同行业的影响，又受到过去业绩目标完成情况的影响，因此第一阶段回归选取同行业除去本企业外的预算均值（*Budget*）以及公司上年度预算目标完成值（*I_ind*）作为工具变量，将虚拟变量 *Slack* 作为被解释变量，首先计算出逆米尔斯比率（*IMR*），然后将其代入研究模型重新进行回归分析。

表 4-11 列示了 Heckman 两阶段回归结果。列（2）中，逆米尔斯比率（*IMR*）的系数为 -0.001，并且在 1% 的水平下显著，说明 Heckman 两阶段回归能较好地解决业绩目标松弛的样本自选择偏差问题。并且控制样本自选择以后，*Slack_w* 的回归系数为 0.010，并在 5% 的水平下显著，说明了业绩目标松弛能够提升企业风险承担水平，进一步证明基本回归结果较稳健。列（3）和列（4）分别是在式（4-2）和式（4-3）中加入了逆米尔斯比率（*IMR*）及其与调节变量的交互项后的回归结果，回归结果仍然与前文基本保持一致。

表 4-11 Heckman 两阶段回归结果

变量	(1) *Slack*	(2) *RiskTaking*	(3) *RiskTaking*	(4) *RiskTaking*
Budget	0.247 *** (0.000)			

续表

变量	(1) Slack	(2) RiskTaking	(3) RiskTaking	(4) RiskTaking
I_ind	0.692 *** (0.000)			
Slack_w		0.010 ** (0.013)	0.175 *** (0.008)	0.098 * (0.072)
IMR		−0.001 *** (0.000)	0.001 (0.509)	0.001 (0.478)
Salay			−0.016 *** (0.000)	
Slack × Salay			−0.011 ** (0.011)	
IMR × Salay			−0.000 (0.259)	
Lnperks				−0.011 *** (0.000)
Slack × Lnperks				−0.005 * (0.099)
IMR × Lnperks				−0.001 (0.189)
Lev	−0.468 *** (0.006)	0.023 ** (0.037)	0.032 *** (0.005)	0.052 *** (0.000)
Sup	−0.001 (0.993)	−0.004 (0.541)	0.005 (0.498)	0.002 (0.710)
Chair_Ceo	0.116 (0.133)	0.005 (0.297)	0.005 (0.315)	0.005 (0.320)

续表

变量	(1) Slack	(2) RiskTaking	(3) RiskTaking	(4) RiskTaking
Growth	-0.049 **	0.002	0.001	0.001
	(0.030)	(0.172)	(0.533)	(0.412)
Roa	-1.255 **	-0.036	0.046	0.029
	(0.024)	(0.310)	(0.215)	(0.427)
_cons	-0.426 **	0.017	0.213 ***	0.208 ***
	(0.013)	(0.640)	(0.000)	(0.000)
Year	YES	YES	YES	YES
Ind	YES	YES	YES	YES
N（个）	5050	5036	5036	5034
adj. R-sq		0.187	0.197	0.198

另外，对被解释变量采取滞后一期的值，再次进行回归。表4-12所示的回归结果说明，前文结论依然得到支持。同时，采用面板数据的 GMM 模型重新对样本进行回归（结果见表4-13），假设 H4-1 仍然得到验证。

表4-12 被解释变量滞后一期的回归结果

变量	(1)	(2)	(3)
Slack	0.013 ***	0.237 ***	0.222 ***
	(0.005)	(0.003)	(0.001)
Salay		-0.014 ***	
		(0.001)	
Slack × Salay		-0.015 ***	
		(0.005)	
Lnperks			-0.008 ***
			(0.003)

续表

变量	（1）	（2）	（3）
Slack × Lnperks			- 0. 011 ***
			（0. 001）
Lev	0. 010	0. 017	0. 036 ***
	（0. 465）	（0. 190）	（0. 008）
Sup	- 0. 011	- 0. 002	- 0. 004
	（0. 174）	（0. 839）	（0. 652）
Chair_ Ceo	0. 002	0. 002	0. 002
	（0. 774）	（0. 792）	（0. 806）
Growth	0. 001	0. 000	0. 001
	（0. 385）	（0. 776）	（0. 686）
Roa	- 0. 027	0. 059	0. 040
	（0. 520）	（0. 175）	（0. 342）
_cons	0. 033	0. 200 ***	0. 161 **
	（0. 491）	（0. 009）	（0. 016）
Year	YES	YES	YES
Ind	YES	YES	YES
N （个）	4111	4111	4110
adj. R-sq	0. 192	0. 201	0. 203

表 4 - 13　GMM 模型的回归结果

变量	系数	P 值
Slack	0. 057 ***	0. 003
Lev	0. 026 **	0. 025
Sup	- 0. 003	0. 668
Chair_ Ceo	0. 007	0. 219
Growth	0. 002	0. 508

续表

变量	系数	P 值
Roa	− 0. 024	0. 508
_ *cons*	− 0. 014	0. 724
Year	YES	
Ind	YES	
N （个）	5050	

2. 稳健性检验

首先，由于以单一行业的企业作为检验样本能在一定程度上避免行业特点对企业风险承担的特定要求，因此我们还以制造业企业为样本进行检验，结果见表 4 – 14，同样验证了本章的假设。其次，2006 年发生股权分置改革，股权分置改革改变了公司的治理环境，可能会影响企业的风险承担行为。因此，将样本区间选在股权分置改革后，即采用 2007～2016 年的样本进行回归，具体结果见表 4 – 15。

表 4 – 14　制造业样本的预算松弛与企业风险承担

变量	（1）	（2）	（3）
Slack	0. 014 ***	0. 216 **	0. 123
	（0. 006）	（0. 019）	（0. 112）
Salay		0. 001	
		（0. 826）	
Slack × Salay		− 0. 014 **	
		（0. 028）	
Lnperks			− 0. 007 **
			（0. 030）

续表

变量	（1）	（2）	（3）
Slack × Lnperks			− 0. 006
			（0. 158）
Lev	0. 008	0. 009	0. 027 *
	（0. 579）	（0. 555）	（0. 087）
Sup	− 0. 008	− 0. 005	− 0. 002
	（0. 396）	（0. 573）	（0. 804）
Chair_ Ceo	0. 009	0. 009	0. 009
	（0. 210）	（0. 211）	（0. 182）
Growth	0. 001	0. 001	0. 001
	（0. 636）	（0. 709）	（0. 596）
Roa	− 0. 060	− 0. 036	− 0. 003
	（0. 205）	（0. 477）	（0. 959）
_cons	0. 018	− 0. 006	0. 131 **
	（0. 580）	（0. 935）	（0. 041）
Year	YES	YES	YES
Ind	YES	YES	YES
N （个）	2398	2398	2398
adj. R-sq	0. 276	0. 277	0. 280

表 4 – 15　股权分置改革后的预算松弛与企业风险承担

变量	（1）	（2）	（3）
Slack	0. 013 ***	0. 270 ***	0. 240 ***
	（0. 006）	（0. 003）	（0. 001）
Salay		− 0. 015 ***	
		（0. 002）	

续表

变量	（1）	（2）	（3）
$Slack \times Salay$		- 0. 017 ***	
		(0. 004)	
$Lnperks$			- 0. 007 ***
			(0. 008)
$Slack \times Lnperks$			- 0. 012 ***
			(0. 001)
Lev	0. 009	0. 017	0. 037 **
	(0. 515)	(0. 223)	(0. 013)
Sup	- 0. 007	0. 004	0. 001
	(0. 421)	(0. 673)	(0. 949)
$Chair\_Ceo$	0. 004	0. 004	0. 004
	(0. 519)	(0. 533)	(0. 557)
$Growth$	0. 001	0. 000	0. 000
	(0. 471)	(0. 923)	(0. 787)
Roa	- 0. 029	0. 065	0. 039
	(0. 529)	(0. 170)	(0. 396)
$\_cons$	0. 076	0. 256 ***	0. 198 ***
	(0. 107)	(0. 002)	(0. 004)
Year	YES	YES	YES
Ind	YES	YES	YES
N （个）	3789	3789	3789
adj. R-sq	0. 194	0. 205	0. 205

　　此外，本章还采取了下列措施进行稳健性检验。式（4-2）中高管薪酬取所有高管货币薪酬的自然对数，在此高管薪酬参照张瑞君和程玲莎（2013）的研究以前三名高管货币薪酬之和衡量，回归结果见表4-16。高管薪酬激励和预算松弛的交互项系

数显著为负，说明高管薪酬激励抑制了预算松弛对企业风险承担的激励作用。结果仍然支持前文的结论。

表 4 – 16　前三名高管货币薪酬的回归结果

变量	系数	P 值
Slack	0.161***	0.003
Salay	− 0.018***	0.000
Slack × Salay	− 0.011*	0.052
Lev	0.024*	0.051
Sup	0.003	0.661
Chair_ Ceo	0.006	0.344
Growth	0.001	0.511
Roa	0.057	0.170
_ cons	0.178	0.259
Year	YES	
Ind	YES	
N （个）	4471	
adj. R-sq	0.181	

采用雒敏（2011）对预算松弛的衡量指标 $S_2 = I_{t-1}^* - (I_t^* - I_{t-1})/I_{t-1}$，并根据中位数取值 0 和 1，1 代表企业存在预算松弛，反之为 0，回归结果（见表 4 – 17）仍然支持前文的结论。

表 4 – 17　更换预算松弛衡量指标后的回归结果

变量	（1）	（2）	（3）
Slack	0.009** (0.024)	0.172*** (0.009)	0.102* (0.064)
Salay		− 0.017*** (0.000)	

续表

变量	（1）	（2）	（3）
Slack × Salay		− 0. 011 **	
		（0. 013）	
Lnperks			− 0. 012 ***
			（0. 000）
Slack × Lnperks			− 0. 005 *
			（0. 085）
Lev	0. 023 **	0. 032 ***	0. 054 ***
	（0. 040）	（0. 005）	（0. 000）
Sup	− 0. 004	0. 005	0. 003
	（0. 524）	（0. 489）	（0. 701）
Chair_ Ceo	0. 006	0. 006	0. 006
	（0. 228）	（0. 254）	（0. 263）
Growth	0. 002	0. 001	0. 001
	（0. 198）	（0. 624）	（0. 479）
Roa	− 0. 034	0. 055	0. 038
	（0. 337）	（0. 141）	（0. 298）
_ cons	0. 016	0. 230 ***	0. 222 ***
	（0. 656）	（0. 000）	（0. 000）
Year	YES	YES	YES
Ind	YES	YES	YES
N （个）	5050	5050	5048
adj. R-sq	0. 170	0. 181	0. 182

第五章 预算松弛对企业创新的影响

企业间的竞争结果取决于它们是否能够及时、高效地创造新产品和新技术（Yang et al.，2009）。提升竞争能力，往往需要公司进行新产品的研发（Sampson，2007），技术创新是企业提升竞争力的重要手段（Rosenberg，2006）。然而，创新是一项高风险、生命周期长、见效慢以及存在较高程度信息不对称的投资活动，容易受到人力资源、资本投资、技术、资金、信息等的约束（Yang et al.，2009；Hall and Lerner，2010）。由于创新活动需要耗费大量的支出，成本较高，创新成本的不断增加可能影响收入目标的完成。短期内，研发支出和创新活动的好处不可能总是得到体现（Balkin et al.，2000；Lin and Chen，2005）。因此，如何平衡创新活动与短期内实现收入目标是公司管理层需要考虑的重要问题。

预算松弛是指在预算编制过程中，预算编制者低估收入或产能、高估成本或拟耗费资源的行为（Majumdar and Venkataraman，1993）。一些学者认为管理层为了应对未来的不确定性，有意高估所需资源，通过预算松弛为企业面临的环境不确定性提供缓冲（Merchant，1985）。这样做既能使组织从环境变化中适应下来，又意味着管理层拥有可支配资源，可用于创新活动（Yang et al.，2009）。预算松弛也意味着高管有意低估收入，将收入目标故意设置在其实际能力之下，缓解了创新活动"挤压"利润的压力，增加了企业的创新活动。另外一些学者认为预算松弛是受托人与委托人之间信息不对称的结果，受托人故意虚报资源和收入，但是否将这些资源用于企业的创新活动则不可知，也有可能是受托人为了更容易完成预算目标事前故意低估收入（潘飞和程明，2007）。预算松弛意味着对管理者的管控放松，导致缺乏有效的监督，为管理者进行非正常的支出提供了空间（Yang et al.，2009）。由于预算松弛指标难以衡量，对于预算松弛是抑制还是推动了企业的创新活动缺乏直接的经验证据。

企业创新是搜集信息的过程（Nonaka and Takeuchi，1995；Kafouros，2008）。会计信息质量具备投资者保护功能，会计信息质量越高，对投资者保护的力度就越大，会计信息质量是影响企业创新的重要因素（韩美妮和王福胜，2016）。然而，预算松弛与企业创新活动的关系可能会受到会计信息质量的影响。预算松弛程度影响了管理者关于创新活动以及新产品开发投资的决策（Sorescu et al.，2003；Berend，2006）。Otley（1978）认为责任会计领域提供准确的信息能够缓解信息不对称问题，使得管理者给出的具体预算指标能够接近其真实能力。会计信息质量影响着管理者编制预算的及时性、相关性、准确性和完整性，高质量会计信息可以为企业的创新活动提供决策依据，有助于发挥预算的决策功能（Yang et al.，2009）；会计信息质量在预算松弛和企业创新间有着积极的影响。Pavitt（1990）以及 Cook 和 Eining（1993）认为高质量的会计信息是在预算紧缩的情况下促进新产品的设计和测试所需的信息，当预算松弛程度较低时，高质量的会计信息有助于优化创新绩效的决策过程。在预算松弛的环境中，信息质量比预算松弛更为重要（Tijssen and van Wijk，1999）。预算松弛对绩效的影响可能在不同会计信息质量下存在差异。因此，会计信息质量可能调节了预算松弛与企业创新之间的关系。

可见，对于企业的创新活动，预算松弛到底是"润滑剂"还是"绊脚石"，会计信息质量在预算松弛与企业创新之间是否起着调节作用，结论仍未可知。以往的研究就会计信息质量与企业创新之间的正相关关系形成了较为统一的结论，虽然学者注意到预算松弛影响企业创新，但到底是抑制还是促进了企业的创新，没有明确的答案，并且鲜有将预算松弛行为纳入会计信息质量和企业创新这一研究框架中。本章利用沪深 A 股上市公司披露的预算数据和上市公司的研发投入和专利数据，考察会计信息质量、预算松弛与企业创新之间的关系。

一　预算松弛对企业创新影响的理论分析

（一）预算松弛对企业创新的直接影响

预算松弛作为预算管理活动的结果，可以用于各种战略活动，包括创新行为、应对战略不确定性以及缓解冲突等积极的活动，和次优行为、政治活动以及谋取私利等消极活动。预算松弛可能会从下列两个方面影响企业的创新活动。

一方面，为了使企业内部能够应对突如其来的变化，通过松弛的资源分配或者有意降低收入帮助企业规避不确定性，缓冲风险（Bourgeois，1981）。在应对不确定性时，管理者必然会将创新活动与不确定性联系在一起，促进了研究与开发（R&D）的支出（Mansfield，1963）。并且，预算松弛意味着对管理层的管制放松，管理层拥有更多的权利，在面对不确定性时，可以得到批准的资金，从而减弱了融资约束，允许追求创新计划，在一个组织中培养研究与开发的文化（Bourgeois，1981）。Nohria 和 Gulati（1996）的研究发现较高程度预算松弛的组织所面临的预算压力较小，这类企业管理层的注意力可能首先集中在长期绩效上，以及不确定的创新项目上，从而提升了企业的创新水平。

另一方面，不同利益方之间的利益冲突是一个重要的公司治理问题；最常见的代理问题是经理和所有者之间的管理代理问题（Arthurs et al.，2008；Jensen and Meckling，1976）。预算管理过程中，由于预算代理人和委托人之间存在信息不对称，代理人对自身及企业的生产能力和所需要的真实资源较为了解，而委托人只根据代理人提供的预算目标分配资源以及根据预算目标的实现情况进行奖赏。因此，代理人为了获取基于预算的奖赏，在编制预算时，会有意低估收入或产能、高估成本或资源，以获取更多的资源或更容易地实现预算目标（Dunk and Nouri，1998）。

由于预算数额是投资者（股东）提供的资金，而预算控制是一种管理工具，投资者（股东）使用预算控制来监督管理人员的资金使用情况。因此，预算松弛涉及一个管理代理问题，这一问题可能会影响预算松弛与创新绩效之间的关系。预算松弛是一种委托代理关系系统，代理人可以在其中积累预算松弛，以追求自己的利益，而不是为了组织的利益行事（Antle and Fellingham，1990）。预算松弛程度高的企业通常会在不确定的项目中投入过多的资源，如与创新无关的资本收购，从而挤压了创新资源，预算松弛容易导致资源的低效利用（Leibenstein，1980）。当产出绩效和管理者的努力难以衡量时，管理代理问题往往严重，特别是创新上的研发支出。在这种观点下，预算松弛导致资源浪费，损害组织绩效（Caves et al.，1993；Love and Nohria，2005）。预算松弛意味着管理者拥有更多的可支配资源，对管理者监管的放松会加剧管理者与股东之间的代理问题，会导致低效的项目被启动并持续或升级，对低效项目所投入的资源可能会因为预算松弛的存在使得一些陷入困境的项目很难被终止（Staw，1981）。预算松弛造成的资源配置宽松加大了即使面对负面信息也会继续运行不良项目的风险，从而降低了企业的创新水平。基于此，提出如下竞争性假设：

　　　　H5 - 1a：预算松弛促进了企业的创新活动。

　　　　H5 - 1b：预算松弛抑制了企业的创新活动。

（二）会计信息质量的调节作用

　　会计信息是企业会计系统中可以发挥投资者保护作用的直接要素，高质量会计信息能够从下列几个方面促进企业的创新。（1）高质量会计信息能够加强投资者对公司管理层的监管，监督管理层的机会主义行为，促使管理者能够从投资者利益角度做出投资决策，保护投资者，降低管理层因风险规避和自身压力而放弃创新行为的可能性（LaFond and Watts，2008）。（2）会计信息也是投资者评价管理层的依据，高质量会计信息能够如实反映管理层的经营水平，客观帮助投资者评价管理层在生产经营活动中的努力程度，有效提升基于薪酬契约的激励效率，促使管理层从事创新性的项目（韩美妮和王福胜，2016）。（3）高质量会计信息也能够降低管理层与投资者的信息不对称程度，减弱投资者的信息劣势，帮助投资者更好地识别项目的价值，并且增强投资者对创新项目的投资意愿（程新生等，2012）。

　　会计信息质量具有投资者保护功能，可能从下列几个方面影响预算松弛与企业创新之间的关系。首先，高质量的会计信息有助于加强对管理者的监督，保护投资者的利益。预算松弛程度较高意味着管理层拥有松弛的资源和容易实现的预算目标，在较高会计信息质量下，管理者利用松弛的资源进行在职消费以及其他的低效率投资活动等机会主义行为会被投资者察觉，由此管理者更愿意将松弛的资源用于企业创新活动。预算紧缩可能意味着资源较紧缺，管理层缺乏创新所需要的资源，但是较高的会计信息质量有助于降低股东与管理层之间的信息不对称程度，在预算紧缩的情况下，直接增强投资者为创新提供资源的意愿。相反，在较低会计信息质量下，由于松弛的预算目标易于实现，而创新活动见效慢，从事创新活动可能会导致预算目标难以实现，影响管理层的考核，即使面临较好的创新机会，管理层也可能会放弃创新项目。

其次，高质量的会计信息能够降低股东与管理层的信息不对称程度，增强股东对管理层真实能力和努力程度的了解。虽然松弛的预算目标能够较容易实现，而紧缩的预算目标难以实现，导致管理层面临较大的预算压力，并且缺乏创新所需的资源。但是在高质量会计信息下，股东可以更加客观地评价管理层的努力程度，从而减弱创新活动给管理层预算目标的挤压效应，抑制管理层的短视行为。

因此，在假设 H5－1a 和 H5－1b 成立的基础上分别提出如下两个假设：

H5－2a：会计信息质量增强了预算松弛对企业创新的促进作用。

H5－2b：会计信息质量削弱了预算松弛对企业创新的抑制作用。

二 预算松弛对企业创新影响的实证检验

（一）样本选择

本章选取 2003～2017 年全部 A 股非金融类上市公司为研究样本，预算收入数据来自 2002～2016 年的上市公司年报，通过手工搜集整理而得，在整理过程中遵循如下规则：2003 年的预算收入数据会在 2002 年的年报中披露，披露位于下一年年度展望中。对样本进行了如下处理：（1）剔除金融行业的样本；（2）剔除 ST 和 * ST 企业的样本；（3）剔除财务数据缺失的样本。最终得到的有效预算收入数据为 5059 个。研发投入与专利数据来源于 CNRSD 数据库，其他财务数据均来自国泰安（CSMAR）数据库。由于研发投入数据 2007 后才公布，因此，将研发投入作为企业创新的衡量指标时，样本数量为 2062个，以专利数据作为企业创新的衡量指标时，样本数量为 5059个。为了避免极端值的影响，对所有数据进行了 1% 分位的缩尾（Winsorize）处理。

（二）主要变量定义

1. 企业创新

已有文献中企业创新的替代变量包括专利申请数量与研发投入。现有文献认为研发投入是企业创新的重要来源，因此，可将其用于衡量企业创新。另外一些文献认为企业的研发活动面临较大的不确定性，且面临较高的失败率，因此，相对于研发投入，用创新产出衡量企业创新更准确，现有文献有两种方法衡量创新产出：一是企业申请的专利数量或授权的专利数量；二是企业研发或改进新产品的数量。鉴于研发或改进新产品的数量不易获取，本部分采用企业专利申请数量测量创新产出。《中华人民共和国专利法》将专利分成发明专利、实用新型专利以及外观设计专利。发明专利需要流程、产品或方法的创新，申请成功的难度较高，对技术要求更为严格。而实用新型专利和外观设计专利相对简单，申请成功的难度较低。为了增强研究结论的可靠性，本章将上市公司及其子公司的发明专利以及总专利申请数量和研发投入作为企业创新的衡量指标，分别以它们数值加 1 的自然对数表示。

2. 预算松弛（Slack）

核心解释变量为 Slack，代表了预算松弛，参照潘飞和程明（2007）的度量方法：

$$Slack = 1 - \left[(I_t^* - I_{t-1})/I_{t-1} - I_{t-1}^* \right]$$

其中，I_t^* 表示上市公司在第 $t-1$ 年年报中披露的对第 t 年营业收入的预算目标，I_{t-1} 表示上市公司第 $t-1$ 年实现的营业收入，I_{t-1}^* 表示第 $t-1$ 年上市公司所处行业的平均营业收入增长率。

3. 会计信息质量（AQ）

参照韩美妮和王福胜（2016）、陈胜蓝和魏明海（2006）以及 Ball 等（2000）的做法，依据应计利润与现金流量估计模型计算会计信息质量：

$$Acc_{i,t} = \Delta Inv_{i,t} + \Delta Rec_{i,t} + \Delta OI_{i,t} - \Delta Ap_{i,t} - \Delta Dep_{i,t}$$

$$(5-1)$$

$$Acc_{i,t} = \alpha_0 + \alpha_1 DCfo_{i,t} + \alpha_2 Cfo_{i,t} + \alpha_3 DCfo_{i,t} \times Cfo_{i,t}$$

$$(5-2)$$

式（5-1）中，Acc 等于应计利润，ΔInv 等于存货的变动率，ΔRec 等于应收账款的变动率，ΔOI 等于其他流动资产的变动率，ΔAp 等于应付账款的变动率，ΔDep 表示折旧的变动率。式（5-2）中，Cfo 等于经营现金流量，$DCfo$ 是虚拟变量：如果 $Cfo < 0$，$DCfo = 1$；否则 $DCfo = 0$。在此基础上，本章将式（5-2）残差的绝对值作为会计信息质量（AQ）的衡量指标。AQ 数值越高，说明会计信息质量越高。

（三）模型设计

为了检验假设，我们参照 Yang 等（2009）以及韩美妮和王福胜（2016）的做法，设定如下两个模型：

$$
\begin{aligned}
\ln Pat(\ln Patent1 \text{、} \ln Patent) = {} & \beta_0 + \beta_1 Slack + \beta_2 Growth + \beta_3 Chair\_Ceo \\
& + \beta_4 Hold + \beta_5 Sup + \beta_6 Roa + \beta_7 Lev \\
& + \sum Year + \sum Ind \quad\quad\quad (5-3)
\end{aligned}
$$

$$
\begin{aligned}
\ln Pat(\ln Patent1 \text{、} \ln Patent) = {} & \beta_0 + \beta_1 Slack + \beta_2 AQ + \beta_3 AQ \times Slack \\
& + \beta_4 Growth + \beta_5 Chair\_Ceo + \beta_6 Hold \\
& + \beta_7 Sup + \beta_8 Roa + \beta_9 Lev \\
& + \sum Year + \sum Ind \quad\quad\quad (5-4)
\end{aligned}
$$

其中，控制变量包括销售增长率（$Growth$）、董事长和总经理是否两职合一（$Chair\_Ceo$）、第一大股东持股比例（$Hold$）、监事会规模（Sup）以及资产收益率（Roa）等；此外，还控制了年度和行业的固定效应。根据假设 H5-1a，预期 $Slack$ 的系数 β_1 显著为正；根据假设 H5-1b，预期 $Slack$ 的系数 β_1 显著为负。

根据假设 H5-2a，在假设 H5-1a 成立的基础上，预期预算松弛与会计信息质量的交互项 $AQ \times Slack$ 的系数 β_3 显著为正。根据假设 H5-2b，在假设 H5-1b 成立的基础上，预期预算松弛与会计信息质量的交互项 $AQ \times Slack$ 的系数 β_3 显著为正。另外，已有的研究表明会计信息质量能够有效保护投资者（韩美妮和王福胜，2016），提升企业的创新水平，本章预期式（5-4）中会计信息质量（AQ）的系数 β_2 显著为正。

（四）实证结果

1. 变量描述性统计

本章主要变量的描述性统计结果见表 5-1。企业创新的三个变量 $\ln Patent1$、$\ln Patent$ 和 $\ln Pat$ 的最小值和最大值分别为 0 和 8.380、0 和 7.450、5.090 和 23.07，它们之间的差异均较大，说明我国的企业创新存在较大的差异。三个变量的均值为 1.680、1.110 和 17.60，除了研发投入，其余两个变量的均值

说明样本中，很多企业存在创新不足。并且预算松弛 *Slack* 的最
小值和最大值分别为 -40.11 和 18.86，说明我国企业之间预算
松弛存在较大的差异。会计信息质量 *AQ* 的最小值和最大值分
别为 0 和 266.99，说明我国企业之间的会计信息质量也存在较
大的差异。

表 5 - 1　描述性统计

变量	N（个）	均值	标准差	25 分位数	75 分位数	最小值	最大值
ln*Patent*1	5059	1.680	1.750	0	3	0	8.380
ln*Patent*	5059	1.100	1.400	0	1.950	0	7.450
ln*Pat*	2062	17.60	1.960	16.50	18.91	5.090	23.07
AQ	4454	3.32	12.33	0.26	2.21	0.00	266.99
Slack	5059	0.380	6.070	0.170	1.780	-40.11	18.86
Growth	5050	0.450	1.540	-0.0600	0.360	-0.730	11.65
Chair_Ceo	5059	0.200	0.400	0	0	0	1
Hold	4918	0.380	0.160	0.250	0.490	0.030	0.870
Sup	5059	1.360	0.300	1.100	1.610	1.100	2.200
Roa	5059	0.0500	0.0600	0.0300	0.0700	-0.190	0.230
Lev	5059	0.520	0.200	0.380	0.660	0.0900	1.040

　　按照会计信息质量高低与预算松弛程度高低分组，对企业
创新的研发投入、发明专利申请数量和总专利申请数量三个变
量进行中位数差异检验，结果见表 5 - 2。我们发现按照会计信
息质量高低分组后，企业创新的三个变量的中位数在会计信息
质量低组都显著低于会计信息质量高组，初步说明会计信息质
量能够提升企业的创新水平，与韩美妮和王福胜（2016）的研
究结论一致。并且按照预算松弛程度分组后发现，企业创新三
个变量的中位数在预算松弛程度低组均高于预算松弛程度高组，
除了研发投入的中位数差异没有通过 T 检验，其余两个变量的

中位数差异均通过了 T 检验，初步说明预算松弛抑制了企业创新，初步验证了假设 H5 - 1b。

表 5 - 2　单变量中位数差异检验

变量	会计信息质量			预算松弛程度		
	低组	高组	差异检验	低组	高组	差异检验
ln*Pat*	17.116	18.094	- 0.978 ***	17.640	17.560	0.080
ln*Patent*	0.957	1.236	- 0.279 ***	1.148	1.042	0.106 **
ln*Patent*1	1.542	1.832	- 0.290 ***	1.735	1.622	0.113 **

注：*、** 和 *** 分别表示 10%、5% 和 1% 的显著性水平，余同。

2. 变量相关性分析

表 5 - 3 所示为主要变量之间的相关系数。结果显示，会计信息质量与企业创新的三个变量 ln*Patent*1、ln*Patent* 和 ln*Pat* 的相关系数显著为正，说明会计信息质量能够提升企业的创新水平。而预算松弛与企业创新三个变量的相关系数显著为负，说明预算松弛降低了企业的创新水平，进一步验证了假设 H5 - 1b。会计信息质量与预算松弛之间的相关系数为 - 0.133，并在 1% 的水平下显著，说明会计信息质量的提升能够降低预算松弛程度。主要原因是会计信息质量具有投资者保护功能，会计信息质量的提升能够降低预算委托人（股东）与预算受托人（经理）之间的信息不对称程度，使得经理能够按照其实际能力编制预算，保护股东的利益。董事长和总经理是否两职合一（*Chair_Ceo*）与 ln*Patent*1、ln*Patent* 和 ln*Pat* 的相关系数为负，并且与前面二者的相关系数显著为负，说明两职合一降低了企业的创新水平，主要原因是董事长和总经理两职合一的企业，代理问题更严重，管理者做出机会主义行为的可能性更高，从而抑制了企业的创新水平。

表 5 - 3 主要变量之间的 Pearson 相关系数

变量	lnPatent1	lnPatent	lnPat	AQ	Slack	Growth	Chair_Ceo	Hold	Sup	Roa	Lev
lnPatent1	1										
lnPatent	0.910***	1									
lnPat	0.540***	0.528***	1								
AQ	0.140***	0.165***	0.208***	1							
Slack	-0.042***	-0.049***	-0.072***	-0.133***	1						
Growth	-0.090***	-0.064***	-0.023	0.009	-0.023*	1					
Chair_Ceo	-0.052***	-0.041***	-0.019	-0.012	-0.004	0.004	1				
Hold	0.041***	0.048***	0.089***	0.126***	-0.028**	0.027*	-0.063***	1			
Sup	0.0130	0.035**	0.052***	0.034**	0.025*	-0.057***	-0.043***	0.040***	1		
Roa	0.035**	0.028**	0.078***	0.057***	-0.005	-0.005	-0.022	0.066***	-0.007	1	
Lev	-0.009	0.0140	0.088***	0.082***	-0.068***	0.102***	-0.052***	0.029***	0.107***	-0.319***	1

3. 多元回归结果

表5-4报告了预算松弛与企业创新之间关系的回归结果。结果显示，预算松弛对研发投入的影响系数为-0.023，并在1%的水平下显著，预算松弛对总专利申请数量和发明专利申请数量的影响系数也在1%的水平下显著，说明预算松弛显著降低了企业的创新水平（包括研发投入、总专利申请数量和发明专利申请数量）。这意味着在我国，管理层制造预算松弛并不是为了应对不确定性，通过预算松弛获得的冗余资源没有用于创新活动；相反，预算松弛行为抑制了企业的创新能力，激发了管理层的短视行为，证实了预算松弛的代理观。

表5-4 预算松弛与企业创新

变量	(1) lnPat		(2) lnPatent1		(3) lnPatent	
	系数	P值	系数	P值	系数	P值
Slack	-0.023***	0.000	-0.009**	0.010	-0.007***	0.008
Growth	-0.036	0.330	-0.048***	0.001	-0.026**	0.025
Chair_Ceo	-0.024	0.797	0.042	0.459	0.095**	0.040
Hold	1.205***	0.000	0.527***	0.000	0.534***	0.000
Sup	0.519***	0.000	0.393***	0.000	0.413***	0.000
Roa	6.092***	0.000	2.240***	0.000	1.843***	0.000
Lev	1.557***	0.000	0.364***	0.002	0.440***	0.000
_cons	11.399***	0.000	-1.566***	0.000	-1.811***	0.000
Year	YES		YES		YES	
Ind	YES		YES		YES	
N（个）	2055		4911		4911	
adj. R-sq	0.236		0.330		0.292	

表 5 - 5 列示了会计信息质量调节预算松弛与企业创新之间关系的回归结果。结果显示，会计信息质量对企业创新的三个变量 lnPatent1、lnPatent 和 lnPat 的影响系数均在 1% 的水平下显著为正，说明会计信息质量能够提升企业的创新水平，证实了会计信息质量的投资者保护功能，说明高质量会计信息有助于抑制管理层的短视行为，使管理者更关注与创新相关的长期项目，从而进一步证明了韩美妮和王福胜（2016）的研究结论。并且预算松弛对企业创新变量的影响系数仍然在 1% 的水平下显著为负，而会计信息质量与预算松弛的交互项系数显著为正，说明会计信息质量削弱了预算松弛对企业创新的抑制作用，说明会计信息质量正向调节了预算松弛与企业创新之间的关系，验证了假设 H5 - 2b。

表 5 - 5　会计信息质量、预算松弛与企业创新

变量	(1) lnPat		(2) lnPatent1		(3) lnPatent	
	系数	P 值	系数	P 值	系数	P 值
AQ	0.028***	0.000	0.017***	0.000	0.016***	0.000
Slack	-0.026***	0.000	-0.014***	0.000	-0.014***	0.000
AQ × Slack	0.001***	0.000	0.001***	0.000	0.001***	0.000
Growth	0.002	0.967	-0.040***	0.009	-0.021	0.100
Chair_Ceo	-0.009	0.928	0.049	0.417	0.106**	0.031
Hold	0.709***	0.005	0.207	0.161	0.219*	0.068
Sup	0.478***	0.000	0.360***	0.000	0.368***	0.000
Roa	5.076***	0.000	2.034***	0.000	1.545***	0.000
Lev	1.156***	0.000	0.308**	0.014	0.370***	0.000
_cons	12.170***	0.000	-1.223***	0.000	-1.504***	0.000

变量	(1) ln*Pat*		(2) ln*Patent*1		(3) ln*Patent*	
	系数	P 值	系数	P 值	系数	P 值
Year	YES		YES		YES	
Ind	YES		YES		YES	
N（个）	1816		4312		4312	
adj. R-sq	0.289		0.342		0.314	

（五）内生性与稳健性检验

1. 内生性问题

（1）工具变量法。会计信息质量、预算松弛与企业创新之间可能存在内生性问题。一方面，正如本章所提到的，会计信息质量和预算松弛均能够影响企业的创新水平。另一方面，企业创新可能会反过来影响预算松弛和会计信息质量，造成这种反向关系的原因有很多。第一，由于创新见效慢，短期内会降低营业收入，所以需要一定的经济资源和财务资源，而预算松弛是降低收入目标和获取这些资源的重要手段，管理层可能会借创新机会编制松弛的预算以降低实现收入目标的难度，并且将这些资源用于在职消费等，而非创新。因此，企业创新可能是预算松弛行为的诱因。第二，创新能力强的企业可能更倾向于提供高质量的会计信息，这使得我们观察到会计信息质量较高的企业的创新绩效更高，但无法判断这种差异是否源于会计信息质量。第三，遗漏变量也可能会使得模型存在内生性问题。同一地区和同一行业预算松弛与会计信息质量的平均程度与各个企业的特征有关，对个体企业创新的影响较小。

因此，本章按照同一省份和行业计算预算松弛和会计信息质量的均值，作为工具变量，工具变量的回归结果见表 5 - 6。
结果显示，会计信息质量的系数都显著为正，说明会计信息质
量能够显著提升企业的创新水平，预算松弛的系数都为负，说
明预算松弛显著降低了企业的创新水平。在列（1）中，虽然
预算松弛的系数不显著，但会计信息质量与预算松弛的交互项
系数显著为正，列（2）和列（3）中交互项的系数也显著为
正，说明会计信息质量正向调节了预算松弛与企业创新之间的
关系，即会计信息质量削弱了预算松弛对企业创新的抑制作用。
这与初步的回归结果一致。

表 5 - 6 工具变量的回归结果

变量	(1) ln*Pat*		(2) ln*Patent*		(3) ln*Patent*1	
	系数	P 值	系数	P 值	系数	P 值
AQ	0.037***	0.000	0.033***	0.000	0.038***	0.000
Slack	-0.022	0.220	-0.019**	0.032	-0.028**	0.014
AQ × Slack	0.001**	0.025	0.001***	0.000	0.002***	0.000
Growth	0.006	0.854	-0.016	0.187	-0.034**	0.036
Chair_Ceo	0.004	0.965	0.092*	0.069	0.051	0.397
Hold	0.600**	0.021	0.101	0.424	0.002	0.992
Sup	0.429***	0.002	0.358***	0.000	0.360***	0.000
Roa	4.974***	0.000	1.135***	0.001	1.481***	0.000
Lev	1.149***	0.000	0.201*	0.051	0.082	0.516
_cons	12.121***	0.000	-1.387***	0.000	-1.104***	0.000
Year	YES		YES		YES	
Ind	YES		YES		YES	
N（个）	1818		4299		4299	
adj. R-sq	0.263		0.305		0.330	

（2）倾向得分匹配方法（PSM）。本章通过倾向得分匹配方法来进一步弱化会计信息质量、预算松弛与企业创新之间的内生性问题。在此，我们根据会计信息质量的中位数将样本分为会计信息质量较低组和会计信息质量较高组，构造匹配样本。具体步骤如下：首先，将会计信息质量较高组的企业作为处理组；其次，根据资产规模、监事会规模、销售增长率以及资产负债率等变量进行匹配；最后，采用1∶1最近邻匹配的方法进行匹配。回归结果见表5-7，列（1）中会计信息质量与预算松弛的交互项系数为正，但不显著，而列（2）和列（3）中预算松弛和会计信息质量的交互项系数显著为负，同样说明了会计信息质量削弱了预算松弛对企业创新的抑制作用。

表 5-7　PSM 的回归结果

变量	(1) ln*Pat*		(2) ln*Patent*1		(3) ln*Patent*	
	系数	P 值	系数	P 值	系数	P 值
AQ	4.301***	0.000	2.538***	0.000	2.193***	0.000
Slack	-0.008	0.560	-0.015*	0.074	-0.012*	0.087
AQ × Slack	0.006	0.764	0.022*	0.067	0.017*	0.100
Growth	-0.064**	0.042	-0.035**	0.012	-0.011	0.358
Chair_Ceo	-0.037	0.641	0.025	0.646	0.069	0.129
Hold	-0.091	0.673	-0.359**	0.012	-0.211*	0.077
Sup	0.425***	0.000	0.246***	0.000	0.254***	0.000
Roa	3.005***	0.000	0.893**	0.016	0.677**	0.029
Lev	-0.760***	0.000	-0.545***	0.000	-0.350**	0.001
_cons	12.908***	0.000	-0.493	0.218	-1.052***	0.002

续表

变量	（1）ln*Pat*		（2）ln*Patent*1		（3）ln*Patent*	
	系数	P 值	系数	P 值	系数	P 值
Year	YES		YES		YES	
Ind	YES		YES		YES	
N（个）	1772		4274		4274	
adj. R-sq	0.530		0.480		0.423	

2. 稳健性检验

为了增强结论的可靠性，本章还进行了下列稳健性检验。第一，采用固定效应和随机效应模型重新进行了回归，回归结果见表 5-8。第二，采用滞后一期的 ln*Pat*、ln*Patent*1 和 ln*Patent*，回归结果见表 5-9。第三，直接用按照行业和地区计算的会计信息质量和预算松弛平均值进行回归，回归结果见表 5-10。表 5-8、表 5-9 和表 5-10 所示的回归结果基本与前文一致，进一步说明会计信息质量削弱了预算松弛对企业创新的抑制作用。

表 5-8　固定效应和随机效应模型的回归结果

变量	（1）ln*Pat*	（2）ln*Pat*	（3）ln*Patent*1	（4）ln*Patent*1	（5）ln*Patent*	（6）ln*Patent*
AQ	0.002	0.007***	0.003**	0.005***	0.003**	0.005***
	(0.173)	(0.000)	(0.020)	(0.000)	(0.022)	(0.000)
Slack	-0.012***	-0.012***	-0.008***	-0.009***	-0.008***	-0.009***
	(0.005)	(0.002)	(0.005)	(0.002)	(0.001)	(0.000)
AQ × *Slack*	0.00002	0.0001	0.0002**	0.0003***	0.0002**	0.0003***
	(0.884)	(0.512)	(0.042)	(0.000)	(0.021)	(0.000)

变量	（1） ln*Pat*	（2） ln*Pat*	（3） ln*Patent*1	（4） ln*Patent*1	（5） ln*Patent*	（6） ln*Patent*
Growth	0.078 ***	0.055 **	0.006	− 0.004	0.015	0.006
	（0.001）	（0.012）	（0.590）	（0.697）	（0.136）	（0.544）
Chair_ Ceo	− 0.050	− 0.050	− 0.022	− 0.024	0.017	0.019
	（0.528）	（0.497）	（0.673）	（0.623）	（0.700）	（0.642）
Hold	0.406	0.865 ***	− 0.738 ***	− 0.252	− 0.531 ***	− 0.083
	（0.361）	（0.005）	（0.002）	（0.169）	（0.008）	（0.587）
Sup	0.021	0.299 *	0.141	0.223 **	0.202 *	0.278 ***
	（0.920）	（0.052）	（0.289）	（0.027）	（0.074）	（0.001）
Roa	2.197 ***	2.765 ***	− 0.297	− 0.005	− 0.217	0.060
	（0.000）	（0.000）	（0.357）	（0.988）	（0.431）	（0.818）
Lev	0.169	0.613 ***	0.318 **	0.226 *	0.244 *	0.231 **
	（0.494）	（0.003）	（0.031）	（0.077）	（0.052）	（0.032）
_*cons*	15.705 ***	12.423 ***	0.843 ***	− 0.745 *	0.169	− 1.038 ***
	（0.000）	（0.000）	（0.001）	（0.067）	（0.440）	（0.002）
Year	YES	YES	YES	YES	YES	YES
Ind	YES	YES	YES	YES	YES	YES
N（个）	1809	1809	4291	4291	4291	4291
adj. R-sq	− 0.158		0.017		0.016	
固定/随机效应	固定	随机	固定	随机	固定	随机

注：括号内为 P 值，余同。

表 5 – 9　企业创新滞后一期的回归结果

变量	（1） ln*Pat*_1		（2） ln*Patent*1_1		（3） ln*Patent*_1	
	系数	P 值	系数	P 值	系数	P 值
Slack	− 0.030 ***	0.002	− 0.021 ***	0.000	− 0.016 ***	0.000

续表

变量	(1) lnPat_1 系数	P值	(2) ln$Patent1\_1$ 系数	P值	(3) ln$Patent\_1$ 系数	P值
AQ	0.024***	0.000	0.019***	0.000	0.018***	0.000
$AQ \times Slack$	0.001	0.203	0.001***	0.000	0.001***	0.000
$Growth$	-0.027	0.569	-0.046***	0.005	-0.034***	0.010
$Chair\_Ceo$	0.101	0.421	0.158**	0.016	0.191***	0.000
$Hold$	0.745**	0.020	0.219	0.167	0.250**	0.049
Sup	0.534***	0.001	0.345***	0.000	0.370***	0.000
Roa	3.620***	0.000	1.673***	0.000	1.292***	0.000
Lev	1.268***	0.000	0.293**	0.029	0.391***	0.000
$\_cons$	12.503***	0.000	-1.550***	0.000	-1.745***	0.000
$Year$	YES		YES		YES	
Ind	YES		YES		YES	
N（个）	1275		3609		3609	
adj. R-sq	0.246		0.359		0.334	

表 5 – 10　工具变量替换后的回归结果

变量	(1) lnPat 系数	P值	(2) ln$Patent1$ 系数	P值	(3) ln$Patent$ 系数	P值
$Slack$	-0.034***	0.003	-0.021**	0.025	-0.013*	0.081
AQ	0.034***	0.000	0.033***	0.000	0.030***	0.000
$Slack \times AQ$	0.003***	0.000	0.002***	0.000	0.002***	0.000
$Growth$	-0.010	0.777	-0.042***	0.003	-0.021*	0.072
$Chair\_Ceo$	-0.044	0.630	0.029	0.605	0.083*	0.068

续表

变量	(1)		(2)		(3)	
	lnPat		ln$Patent$1		ln$Patent$	
	系数	P 值	系数	P 值	系数	P 值
$Hold$	0.588 **	0.014	0.150	0.275	0.194 *	0.084
Sup	0.514 ***	0.000	0.349 ***	0.000	0.372 ***	0.000
Roa	5.617 ***	0.000	1.940 ***	0.000	1.578 ***	0.000
Lev	1.359 ***	0.000	0.224 *	0.055	0.322 ***	0.001
_$cons$	11.863 ***	0.000	-1.290 ***	0.000	-1.575 ***	0.000
Year	YES		YES		YES	
Ind	YES		YES		YES	
N（个）	2052		4902		4902	
adj. R-sq	0.282		0.352		0.321	

（六）异质性分析

为了进一步验证会计信息质量、预算松弛对企业创新的影响机制，我们按照产权性质、代理问题严重程度划分企业样本，进行比较分析。

1. 按照产权性质的分析

前文的研究表明在我国预算松弛降低了企业的创新水平，没有支持预算松弛的权变观，相反支持了预算松弛的代理观，即预算松弛有害论。说明在我国预算松弛是管理层与股东之间代理问题的结果。首先，我国企业有民企和国企等不同的类型，相对于民企，国企为全民所有，被政府所控制，国企所有者缺位造成国有企业更可能存在代理问题。其次，2003 年国务院国资委针对央企负责人制定了经营业绩考核办法，地方政府在此基础上制定了地方国有企业负责人的经营业绩考核办法，这些办法均规定在国企负责人的任期和年度业绩考核中，预算是重要的方式，负责人的晋升、奖励等均与预算完成情况关联。自此，预算制度已成为国有企业经理人绩效评价的主要方式（叶建芳等，2014；刘浩等，2014），国企更可能存在预算松弛行为。再次，国有企业与政府密切联系，更容易受到政府和银行的支持，融资约束较弱（张敏等，2015）。相对于国有企业，民营企业管理者获取资源的手段有限，导致企业创新在不同产权性质下存在差异。为验证不同产权性质下会计信息质量、预算松弛与企业创新的关系，本章按照产权性质将样本分为国企和民企，重新对模型进行回归检验。

表 5 – 11 和表 5 – 12 报告了不同产权性质的回归结果。表 5 – 11 中的结果显示，预算松弛对企业创新的三个变量的影响系数均显著为负，并在民企均显著小于国企，说明预算松弛对企业创新的抑制作用在国企表现得更为明显，主要原因就是相对于民企，国企的代理问题更为严重。表 5 – 12 中的结果显示，会计信息质量与预算松弛的交互项系数均为正，并且在民企大于国企，说明会计信息质量对预算松弛与企业创新之间关系的削弱作用在民企更强。主要原因可能是：相对于国企，民企对管理层预算松弛行为的监督手段有限，而国企通过《中华人民共和国预算法》以法律形式进行了监督，使得会计信息质量的调节作用在民企表现得更为明显。

表 5 – 11　按产权性质划分：预算松弛与企业创新

变量	lnPat		lnPatent1		lnPatent	
	民企	国企	民企	国企	民企	国企
Slack	– 0.020 **	– 0.026 ***	– 0.010 **	– 0.012 **	– 0.007 *	– 0.011 ***
	(0.014)	(0.002)	(0.045)	(0.012)	(0.092)	(0.004)

续表

变量	lnPat		ln$Patent1$		ln$Patent$	
	民企	国企	民企	国企	民企	国企
Growth	−0.174 **	−0.003	−0.055 ***	−0.033 *	−0.041 **	−0.010
	(0.022)	(0.954)	(0.008)	(0.081)	(0.016)	(0.528)
Chair_Ceo	−0.238 **	0.422 ***	−0.055	0.175 **	0.033	0.219 ***
	(0.039)	(0.006)	(0.464)	(0.034)	(0.602)	(0.001)
Hold	0.144	1.724 ***	−0.034	0.627 ***	0.027	0.629 ***
	(0.695)	(0.000)	(0.880)	(0.000)	(0.885)	(0.000)
Sup	0.387	0.430 ***	0.179	0.370 ***	0.217 *	0.393 ***
	(0.109)	(0.007)	(0.195)	(0.000)	(0.059)	(0.000)
Roa	6.636 ***	6.071 ***	1.943 ***	2.502 ***	1.920 ***	1.896 ***
	(0.000)	(0.000)	(0.000)	(0.000)	(0.000)	(0.000)
Lev	1.192 ***	1.618 ***	−0.380 **	0.751 ***	0.013	0.636 ***
	(0.000)	(0.000)	(0.029)	(0.000)	(0.931)	(0.000)
_cons	14.965 ***	11.182 ***	−0.807	−1.792 ***	−0.924 **	−2.085 ***
	(0.000)	(0.000)	(0.121)	(0.000)	(0.033)	(0.000)
Year	YES	YES	YES	YES	YES	YES
Ind	YES	YES	YES	YES	YES	YES
N（个）	816	1239	1646	3265	1646	3265
adj. R-sq	0.219	0.252	0.376	0.320	0.288	0.302

表 5 −12　按产权性质划分：会计信息质量、
预算松弛与企业创新

变量	lnPat		ln$Patent1$		ln$Patent$	
	民企	国企	民企	国企	民企	国企
AQ	0.027 ***	0.025 ***	0.010	0.026 ***	0.023 ***	0.009
	(0.001)	(0.000)	(0.114)	(0.000)	(0.000)	(0.104)

续表

变量	lnPat		lnPatent1		lnPatent	
	民企	国企	民企	国企	民企	国企
Slack	-0.032***	-0.027***	-0.017***	-0.013***	-0.015***	-0.014***
	(0.004)	(0.003)	(0.004)	(0.010)	(0.000)	(0.008)
AQ×Slack	0.001***	0.0006***	0.0007***	0.0006***	0.0007***	0.0005**
	(0.009)	(0.001)	(0.007)	(0.000)	(0.000)	(0.014)
Growth	-0.172**	0.044	-0.060***	-0.007	0.011	-0.049**
	(0.028)	(0.297)	(0.010)	(0.745)	(0.487)	(0.013)
Chair_Ceo	-0.177	0.239	0.001	0.151*	0.189***	0.070
	(0.149)	(0.117)	(0.990)	(0.079)	(0.007)	(0.307)
Hold	0.256	0.984***	0.156	-0.002	0.094	0.131
	(0.517)	(0.004)	(0.524)	(0.990)	(0.535)	(0.527)
Sup	0.275	0.451***	0.199	0.381***	0.376***	0.209*
	(0.285)	(0.004)	(0.177)	(0.000)	(0.000)	(0.093)
Roa	6.665***	4.770***	2.239***	1.653***	1.199***	2.050***
	(0.000)	(0.000)	(0.000)	(0.002)	(0.005)	(0.000)
Lev	1.125***	1.244***	-0.268	0.502***	0.428***	0.091
	(0.000)	(0.000)	(0.159)	(0.002)	(0.001)	(0.570)
_cons	15.136***	11.760***	-1.011*	-1.303***	-1.626***	-1.035**
	(0.000)	(0.000)	(0.056)	(0.000)	(0.000)	(0.021)
Year	YES	YES	YES	YES	YES	YES
Ind	YES	YES	YES	YES	YES	YES
N（个）	718	1108	1423	2867	2867	1423
adj. R-sq	0.224	0.313	0.389	0.347	0.341	0.297

2. 按代理问题严重程度的分析

前文的研究已经证实了代理观下的预算松弛有害论。本章进一步将样本按照代理问题严重程度进行划分，以直接检验会计信息质量、预算松弛和企业创新之间的关系。在此参照谢获宝和惠丽丽 (2014) 的做法，用管理费用率衡量代理问题严重程度，回归结果见表 5 - 13 和表 5 - 14。表 5 - 13 中的结果显示，预算松弛对企业创新三个变量的影响系数均显著为负，并在代理问题严重程度高组中系数均显著大于代理问题严重程度低组，说明预算松弛对企业创新的抑制作用在代理问题严重的企业表现得更为明显。表 5 - 14 中的结果显示，会计信息质量与预算松弛的交互项系数均为正，并且在代理问题严重程度高组中系数明显大于代理问题严重程度低组，说明会计信息质量对预算松弛与企业创新之间关系的削弱作用在代理问题严重的企业表现得更强，进一步证实了代理观下的预算松弛有害论。

表 5 - 13　按代理问题严重程度划分：预算松弛与企业创新

变量	lnPat		lnPatent1		lnPatent	
	低组	高组	低组	高组	低组	高组
Slack	- 0.021 ***	- 0.030 ***	- 0.008 *	- 0.011 **	- 0.007 **	- 0.009 **
	(0.007)	(0.001)	(0.076)	(0.040)	(0.049)	(0.049)
Growth	- 0.056	- 0.006	- 0.053 **	- 0.044 **	- 0.040 **	- 0.015
	(0.330)	(0.896)	(0.010)	(0.023)	(0.018)	(0.338)
Chair_ Ceo	0.193	- 0.199 *	0.065	0.045	0.076	0.110 *
	(0.241)	(0.071)	(0.466)	(0.527)	(0.301)	(0.064)
Hold	1.698 ***	0.756 **	0.479 **	0.617 ***	0.690 ***	0.417 **
	(0.000)	(0.015)	(0.012)	(0.002)	(0.000)	(0.011)
Sup	0.449 **	0.708 ***	0.358 ***	0.467 ***	0.445 ***	0.424 ***
	(0.024)	(0.000)	(0.001)	(0.000)	(0.000)	(0.000)
Roa	4.888 ***	7.480 ***	2.329 ***	2.525 ***	1.920 ***	2.064 ***
	(0.000)	(0.000)	(0.000)	(0.000)	(0.000)	(0.000)

续表

变量	lnPat		lnPatent1		lnPatent	
	低组	高组	低组	高组	低组	高组
Lev	1.574 ***	1.678 ***	0.912 ***	0.066	0.824 ***	0.275 **
	(0.000)	(0.000)	(0.000)	(0.663)	(0.000)	(0.029)
_cons	11.527 ***	10.971 ***	-2.078 ***	-1.426 ***	-2.164 ***	-1.679 ***
	(0.000)	(0.000)	(0.000)	(0.000)	(0.000)	(0.000)
Year	YES	YES	YES	YES	YES	YES
Ind	YES	YES	YES	YES	YES	YES
N（个）	1026	1029	2466	2441	2466	2441
adj. R-sq	0.213	0.276	0.324	0.358	0.288	0.315

表 5 – 14　按代理问题严重程度划分：会计信息质量、预算松弛与企业创新

变量	lnPat		lnPatent1		lnPatent	
	低组	高组	低组	高组	低组	高组
AQ	0.021 ***	0.060 ***	0.021 ***	0.040 ***	0.019 ***	0.033 ***
	(0.000)	(0.000)	(0.000)	(0.000)	(0.000)	(0.000)
Slack	-0.025 ***	-0.033 ***	-0.013 **	-0.015 **	-0.014 ***	-0.012 **
	(0.004)	(0.007)	(0.010)	(0.030)	(0.001)	(0.043)
AQ × Slack	0.0007 ***	0.0013 **	0.0006 ***	0.0017 *	0.0006 ***	0.0014 *
	(0.000)	(0.023)	(0.000)	(0.099)	(0.000)	(0.100)
Growth	0.012	0.014	-0.035	-0.033	-0.028	-0.009
	(0.841)	(0.767)	(0.114)	(0.115)	(0.120)	(0.596)
Chair_Ceo	0.165	-0.167	0.095	0.066	0.086	0.127 **
	(0.336)	(0.157)	(0.308)	(0.390)	(0.257)	(0.047)
Hold	1.187 ***	0.650 *	0.027	0.440 **	0.254	0.283
	(0.002)	(0.053)	(0.894)	(0.041)	(0.122)	(0.112)

变量	lnPat		lnPatent1		lnPatent	
	低组	高组	低组	高组	低组	高组
Sup	0.270	0.584***	0.308***	0.450***	0.384***	0.393***
	(0.184)	(0.000)	(0.004)	(0.000)	(0.000)	(0.000)
Roa	5.194***	6.305***	2.026***	1.858***	1.515***	1.526***
	(0.000)	(0.000)	(0.003)	(0.000)	(0.006)	(0.000)
Lev	1.625***	1.344***	0.752***	-0.061	0.652***	0.171
	(0.000)	(0.000)	(0.000)	(0.711)	(0.000)	(0.210)
_cons	12.643***	11.000***	-1.692***	-1.247***	-1.766***	-1.502***
	(0.000)	(0.000)	(0.000)	(0.001)	(0.000)	(0.000)
Year	YES	YES	YES	YES	YES	YES
Ind	YES	YES	YES	YES	YES	YES
N（个）	904	885	2186	2096	2186	2096
adj. R-sq	0.270	0.281	0.356	0.353	0.329	0.311

第六章　预算松弛对企业股价崩盘的影响

Jin 和 Myers（2006）认为如果公司不存在信息不对称，即信息是公开透明的，那么管理层的任何隐藏行为均会反映在公司股价中；如果信息不对称存在，资本市场投资者在评估公司价值时只能依据公司公开以及媒体披露的各种信息。信息不对称的条件下，公司管理层基于自身利益最大化，会倾向于延迟公布或隐藏坏消息（李小荣和刘行，2012），一旦管理层所隐藏的坏消息达到了一定程度突然暴露，就会直接导致公司发生股价崩盘。由于管理层个人能力是有限的，无法囤积所有的负面事件，这些负面事件的积累一旦达到顶峰，管理层就不得不披露或释放这些负面事件，一旦负面事件集中释放，公司股价就立刻崩盘。Jin 和 Myers 的信息隐藏假说成为学术界从公司内部层面研究股价崩盘的理论基础。

一般来说，高管可以通过操纵会计信息等手段来隐藏负面消息，如增加应计收入等（Dechow et al.，2011；Richardson et al.，2006；Zhu，2016）。谨慎性原则下，要求及时确认潜在的损失，严格确认收益（Kim and Zhang，2016a）；谨慎性原则降低了管理层披露利好事件或隐藏负面事件的概率（Hutton et al.，2009），降低了公司股价崩盘风险。此外，Kim（2015）和DeFond 等（2015）研究发现，会计信息的可理解性和透明度以及额外披露均会降低公司的股价崩盘风险。

上述研究表明，管理层隐藏负面事件成为股价崩盘的根源，股价崩盘受两个方面因素影响：其一，管理层隐藏负面事件的意愿；其二，管理层囤积负面事件的能力。因此，管理层隐藏负面事件除受管理层意愿影响，还受企业资源约束制约。管理层隐藏负面事件是一项资源消耗性活动，具有很强的资源依赖性。管理层隐藏负面事件需要资源支持，如果无法获取足够资源支持，就会导致负面事件暴露从而导致股价崩盘。

预算松弛则与信息隐藏假说刚好相反，预算松弛是指预算编制过程中，预算编制者（主要为管理层）低估收入或产能、高估成本或拟耗费资源的行为（Dunk and Nouri，1998），以掌握更多可支配资源，用于未来的风险管理活动（Majumdar and Venkataraman，1993；Zajac and Bazerman，1991）。比较发现，预算松弛是管理层隐藏"收入、产能"，高估"成本、费用"，然而信息隐藏假说则是隐藏"成本、费用"，高估"收入、产能"，二者互为对立面。同时，预算具有明显的资源配置功能，在外部获取资源手段有限的条件下，管理层越来越倾向于通过预算从委托人那里获取投资、生产等活动所需要的资源（吴粒等，2012）。管理层在事前制订未来经营期间的资源配置计划，以达到实现组织目标、提高产出效率的目的（Vander Bauwhede and Willekens，2000；Chow et al.，1988；Chong and Mahama，2014；Otley，2016）。根据权变理论，预算松弛是指管理层为了应对未来的不确定性，有意高估所需资源或低估生产能力，为企业面临的环境不确定性提供缓冲（Merchant，1985），改变经济主体的风险偏好，从而影响企业的风险承担水平（张先治和翟月雷，2009）。

综上分析，本章基于预算松弛与信息隐藏假说互为对立面的理论现实，检验预算松弛对企业股价崩盘产生的影响，即分析管理层故意"隐藏利好事件"的预算松弛行为能否降低管理层故意"隐藏负面事件"导致的股价崩盘风险。具体而言，本章主要探讨以下三个问题：（1）管理层的预算松弛行为是否影响公司管理活动，包括资源配置和盈余管理；（2）预算松弛对公司管理活动产生的影响是否进一步影响公司股价崩盘风险；

（3）预算松弛通过股价崩盘风险产生的经济后果，即对投资者定价和市值增长的影响。

一　预算松弛对企业股价崩盘影响的理论分析

（一）信息隐藏与股价崩盘

高管由于信息不对称会倾向于隐藏或延迟披露坏消息，而隐藏的坏消息一旦由于无法继续隐藏而集中释放，就会导致股价骤然暴跌（Jin and Myers，2006）。因此，根据信息隐藏假说，公司股价崩盘风险与管理层坏消息隐藏程度和隐藏能力有关，而隐藏程度取决于管理层隐藏坏消息创造的管理层私利（Jin and Myers，2006；Guo et al.，2014；李小荣和刘行，2012），隐藏能力取决于消化坏消息的盈余质量和财务资源弹性。

盈余质量反映财务报告透明度，盈余质量越高企业股价崩盘风险越低（Hutton，2009）。盈余质量反映管理层坏消息囤积能力和囤积程度，高质量盈余允许继续执行不良项目，使无效风险投资持续存在。但随着盈余质量降低，管理层会失去继续隐藏坏消息的报告基础，导致崩盘事件发生。例如，Rao 等（2017）的研究表明管理层平滑收入的能力、隐藏负面消息的能力越强，股价崩盘风险越低，但随着管理层盈余操纵程度提升，未来股价崩盘风险加大。管理层通过盈余操纵来掩盖其不利投资决策，投资者会依据管理层操纵后的盈余报告做出投资决策，因此投资者不太可能干预管理活动（Sadath and Acharya，2015）。具体而言，管理层使用盈余管理来掩盖不佳年份业绩，并通过盈余管理平滑较好年份业绩，为未来掩盖不佳业绩提供盈余储备。然而，一旦管理层失去继续盈余操纵能力，负面消息被外部投资者发现，大量负面消息突然披露就可能导致股票价格急剧下降（Chai et al.，2011；Bleck and Liu，2007）。

高管隐藏负面事件不仅需要通过盈余操纵，还会消耗企业的财务资源，财务资源弹性有利于管理层应对负面事件带来的风险。所谓财务资源弹性是指"企业调动其财务资源以便采取预防或投机性措施，以便有效应对企业面临的不确定性，为企业价值的增加储备能力"（Byoun，2008）。企业在日常生产经营活动中，面临较大的不确定性，通过增强财务资源弹性能够降低陷入财务困境的概率，从而更好地抵御风险，并且较强的财务资源弹性也能够使得企业利用投资机会，实现自身的发展（董理和茅宁，2013）。Bates 等（2009）的研究表明在高程度的环境不确定性下，高现金持有率以及低杠杆率能够有效降低企业破产风险。在股价崩盘研究方面，Shen 等（2012）以及Hong 等（2017）的研究显示，经营现金流量与股价崩盘风险之间存在负相关关系。现金持有会减少公司的税收激进行为（Kim and Zhang，2016b），进而降低公司股价崩盘风险（Kim et al.，2011a）。因此，公司过度支付现金股利会显著加大上市公司的股价崩盘风险（顾小龙等，2015）。

综上分析，管理层出于自身利益考虑而隐藏坏消息，管理层隐藏坏消息获得的私利关系隐藏程度，盈余质量和财务资源弹性决定管理层的坏消息隐藏能力。因此，股价崩盘风险同时受到高管隐藏信息私利、盈余质量和财务资源弹性影响。

1. 模型构建

本章借鉴龙小海等（2009）构建的管理层信息隐藏模型。管理层存在两个报告策略，即真实报告策略和隐藏报告策略。当管理层决定选择真实报告策略时，他们将获得与投资者约定的管理报酬。因此，真实报告策略下管理层的期望收益为：

$$U_m(t) = \frac{R_m(t)}{1+r}$$

其中，$U_m(t)$ 为 t 时期管理层的期望收益，$R_m(t)$ 为 t 时期管理层真实报告后依据契约将获得的报酬，r 为折现率。

如果选择隐藏负面事件 f，管理层将获得隐藏负面事件带来的私利，比如隐藏的在职消费、资产转移、利润挤占、净现值为负的项目等，记为 $R_m(f)$。同时，管理层隐藏负面事件可能需要向注册会计师支付审计风险补偿（龙小海等，2009），记为 $B(f)$。因此，隐藏报告策略下管理层的期望收益为：

$$U_m(t) = \frac{R_m(t)}{1+r} + \frac{R_m(f)}{1+r} - B(f)$$

其中，$\dfrac{R_m(f)}{1+r} - B(f)$ 为管理层选择隐藏报告策略的期望净收益。

管理层隐藏的负面事件将以一定概率 p 暴露，管理层如果选择继续隐藏负面事件，需要在消耗内部盈余之外通过盈余操纵进行，因此管理层需要支付额外的盈余操纵成本，记为 $O(f)$。负面事件暴露不仅影响盈余报告，还会影响企业经营行为，因此管理层为了维持正常运营以掩盖其隐藏的负面事件，需要在消耗财务资源后补充财务资源，从而增加资源成本，记为 $C(f)$。

因此，管理层选择继续隐藏负面事件的期望收益为：

$$U_{m1}(t) = \frac{R_m(t)}{1+r} + \frac{R_m(f)}{1+r} - B(f) - O(f) - C(f)$$

相反，如果管理层选择放弃继续隐藏负面事件，就会导致负面事件集中对外释放从而导致股价瞬间崩盘（Jin and Myers，2006）。负面事件集中释放后管理层失去隐藏负面事件的期望收益 $R_m(f)$，并且承担股价崩盘的经济后果，包括高管声誉成本、绩效损失、再融资成本、离职成本等，记为 $L_m(f)$。因此，管理层选择放弃隐藏负面事件的期望收益为：

$$U_{m2}(t) = \frac{R_m(t)}{1+r} - B(f) - L_m(f)$$

2. 均衡分析与假设提出

管理层选择继续隐藏负面信息的必要条件是继续隐藏的期望收益 $U_{m1}(t)$ 大于放弃信息隐藏的期望收益 $U_{m2}(t)$，即：

$$\frac{R_m(t)}{1+r} + \frac{R_m(f)}{1+r} - B(f) - O(f) - C(f) > \frac{R_m(t)}{1+r} - B(f) - L_m(f)$$

管理层选择放弃隐藏负面信息的必要条件是放弃隐藏的期望收益 $U_{m2}(t)$ 大于继续信息隐藏的期望收益 $U_{m1}(t)$，即：

$$\frac{R_m(t)}{1+r} - B(f) - L_m(f) > \frac{R_m(t)}{1+r} + \frac{R_m(f)}{1+r} - B(f) - O(f) - C(f)$$

因此，管理层选择放弃隐藏负面信息而导致公司股价崩盘的概率 Y 可记为：

$$Y = \mathrm{P}\left[O(f) + C(f) - \frac{R_m(f)}{1+r} > L_m(f) \right]$$

股价崩盘概率 Y 的经济学意义为：高管选择继续隐藏负面事件的净成本大于直接放弃隐藏负面事件导致股价崩盘而承担的经济成本。公式表明公司股价崩盘风险与公司盈余操纵成本 $O(f)$ 和财务资源成本 $C(f)$ 有关。因此，提高公司盈余质量会降低公司盈余操纵程度，增强财务资源弹性会减少公司增量资源需求，进而降低公司股价崩盘风险。

因此，本章提出如下理论假设：

H6-1：提高盈余质量、增强财务资源弹性会降低公司股价崩盘风险。

(二) 预算松弛与股价崩盘

根据权变理论，管理层通过预算松弛高估所需资源，获得超出现有业务所需的资源 (Cyert and March，1963)，为未来的高风险投资项目提供资金，既能使组织得到缓冲环境变化风险所需的多余资源，又为管理层提供了资源再配置机会。同时，预算松弛可以降低企业进行风险投资所需资金的成本。预算松弛下管理层通过内部正式制度分配得到资源，与负债和外部融资相比，内部资源的成本较低。预算松弛为管理层隐藏负面事件的潜在损失做好财务缓冲准备。因为管理层可以通过低估收入、高估成本的预算松弛行为 (Dunk and Nouri，1998)，为负面事件暴露后潜在损失的表内确认提供财务对冲，减轻风险损失对利润表的负向冲击。面对负面事件存在的不确定性因素，预算松弛成为应对不确定性事件的重要缓冲垫，有助于改变经济主体的风险偏好，提升管理层的风险承担水平 (Merchant and Manzoni，1989)。

同时，根据委托代理理论，设置松弛的预算目标有助于降低管理层的业绩压力，激励管理层提高管理水平、降低盈余操纵程度，从而提高公司财务质量。相反，编制紧缩性预算会增加管理层的业绩压力，从而对管理层产生负向激励，激励管理层通过盈余操纵来实现过高的预算目标，从而降低公司财务质量 (潘飞等，2008)。另外，松弛的预算目标会提高管理层的正常报酬实现程度，减弱管理层通过预算松弛操纵报告以获得报酬的动机。因此，预算松弛可能通过提高盈余质量而降低公司股价崩盘风险 (Hutton，2009)。

综上分析，预算松弛通过增强管理层的资源配置能力和表内损失确认能力，提高公司盈余质量，进而增强负面事件容纳能力，最终降低公司股价崩盘风险。

1. 模型构建

本章借鉴 Chow 等（1988）以及郑石桥等（2009）构建的管理层预算松弛报酬模型。管理层在期初披露当期预算增长目标 Y_1，投资者基于预算编制时的参考标准 Y_2 给予管理层预算报酬，待预算期末根据实际增长情况 Y 进行报酬调整。因此，管理层参与预算编制下管理层报酬函数如下：

$$U_2(t) = a(Y_1 - Y_2) + \frac{b(Y - Y_1)}{1 + r} + \frac{R_m(t)}{1 + r}$$

其中，Y_1 为预算期初管理层报告预算业绩较上一年度的增长率，即投资者观测到的预算增长率；Y_2 为投资者对管理层预算增长率的业绩评级基准，潘飞和程明（2007）以外部投资者在预算期初可观测的上一年度行业平均增长率为基准；Y 为预算期末实际业绩增长率。同时，a 为预算期初投资者基于管理层预算目标确定的报酬系数，激励管理层制定有效预算目标，b 为预算期末投资者基于预算目标实现情况对管理层确定的报酬系数。

如果选择隐藏负面事件 f，管理层将获得隐藏负面事件带来的私利，同时支付审计风险补偿。因此，考虑预算松弛的情况下隐藏负面事件的管理层期望收益：

$$U_m(t) = a(Y_1 - Y_2) + \frac{b(Y - Y_1)}{1 + r} + \frac{R_m(t)}{1 + r} + \frac{R_m(f)}{1 + r} - B(f)$$

根据权变理论和委托代理理论，预算松弛会增强管理层资源配置和盈余平滑能力，从而为管理层应对负面事件暴露提供额外盈余支持和财务资源弹性支持，记为 SLACK。

因此，管理层选择继续隐藏负面事件的期望收益为：

$$U_{m1}(t) = a(Y_1 - Y_2) + \frac{b(Y - Y_1)}{1 + r} + \frac{R_m(t)}{1 + r} + \frac{R_m(f)}{1 + r} - B(f)$$
$$- O(f - SLACK) - C(f - SLACK)$$

相反，如果管理层选择放弃继续隐藏负面事件，就会导致负面事件集中对外释放从而导致股价瞬间崩盘（Jin and Myers，2006），此时管理层需要承担股价崩盘的经济后果。因此，管理层选择放弃隐藏负面事件的期望收益为：

$$U_{m2}(t) = a(Y_1 - Y_2) + \frac{b(Y - Y_1)}{1 + r} + \frac{R_m(t)}{1 + r} - B(f) - L_m(f)$$

2. 均衡分析与假设提出

管理层选择继续隐藏负面信息的必要条件是继续隐藏的期望收益 $U_{m1}(t)$ 大于放弃信息隐藏的期望收益 $U_{m2}(t)$，即：

$$\frac{R_m(f)}{1 + r} - O(f - SLACK) - C(f - SLACK) > -L_m(f)$$

管理层选择放弃隐藏负面信息的必要条件是放弃隐藏的期望收益 $U_{m2}(t)$ 大于继续信息隐藏的期望收益 $U_{m1}(t)$，即：

$$\frac{R_m(f)}{1 + r} - O(f - SLACK) - C(f - SLACK) < -L_m(f)$$

因此，管理层选择放弃隐藏负面信息而导致公司股价崩盘的概率 Y 可记为：

$$Y = P\left[O(f - SLACK) + C(f - SLACK) - \frac{R_m(f)}{1 + r} > L_m(f)\right]$$

根据公式，在预算松弛下，管理层通过预算松弛蓄积应对负面事件的报告盈余和资源弹性，从而降低股价崩盘风险。

因此，本章提出如下理论假设：

H6-2：预算松弛通过提高盈余质量、增强财务资源弹性，降低公司股价崩盘风险。

二　预算松弛对企业股价崩盘影响的实证检验

(一)　研究设计与变量说明

1. 回归模型

首先，借鉴 Balseiro 等 (2017) 以及 DeFond 等 (2015) 的做法，构建如下基本回归模型：

$$NCSKEW_{i,t}/DUVOL_{i,t} = C + \rho SLACK_{i,t-1} + \beta X_{i,t-1}$$
$$+ year\&industry + \mu_i + \varepsilon \qquad (6-1)$$

其中，i 公司 t 年度的股价崩盘风险用 $NCSKEW_{i,t}$ 和 $DUVOL_{i,t}$ 表示，而 $SLACK_{i,t-1}$ 表示 i 公司在 $t-1$ 年度的预算松弛程度。根据前文分析，我们预期系数 $\rho < 0$，即预算松弛降低了公司的股价崩盘风险。$X_{i,t}$ 包括公司规模 ($SIZE$)、资产负债率 (LEV)、税收负担 (TAX) 以及每股收益 (EPS)、股价波动率 ($SIGMA$) 与换手率 ($DTURN$)，这些变量均影响了公司的股价崩盘风险；此外，还控制了年度、行业以及个体的固定效应。

其次，为检验预算松弛可能通过增强企业资源弹性和财务弹性来抵御股价崩盘风险的作用机制，构建如下中介效应模型：

$$LIQUID_{i,t} = C + \beta_1 SLACK_{i,t-1} + \beta X_{i,t} + year\&industry + \mu_i + \varepsilon \quad (6-2)$$

$$OPAQUE_{i,t} = C + \beta_2 SLACK_{i,t-1} + \beta X_{i,t} + year\&industry + \mu_i + \varepsilon \quad (6-3)$$

式中，$LIQUID_{i,t}$ 和 $OPAQUE_{i,t}$ 为公司 i 在 t 年度的财务资源弹性和盈余管理程度。借鉴张会丽和吴有红 (2012) 的做法，利用公司期末持有的货币资金与金融资产之和的自然对数测度公司财务资源弹性；借鉴 Hutton (2009) 的做法，利用公司近三年应计盈余管理绝对值之和测度公司盈余管理程度，用以反映公司盈余质量。如果 β_1 显著大于 0、β_2 显著小于 0，则表明预算松弛有助于增强公司财务资源弹性、降低盈余管理程度。

进一步在股价崩盘风险基本回归模型中引入公司财务资源弹性和盈余管理程度：

$$NCSKEW_{i,t}/DUVOL_{i,t} = C + \rho_1 \ln LIQUID_{i,t} + \rho_2 OPAQUE_{i,t} + \rho_3 SLACK_{i,t-1}$$
$$+ \beta X_{i,t-1} + year\&industry + \mu_i + \varepsilon \qquad (6-4)$$

如果 $\ln LIQUID_{i,t}$ 的系数 ρ_1 显著为负和 $OPAQUE_{i,t}$ 的系数 ρ_2 显著为正，则表明预算松弛会通过调节公司财务资源弹性和盈余管理程度降低股价崩盘风险。

2. 变量测度

（1）股价崩盘风险。本部分借鉴 Kim 等（2011b）、徐飞等（2019）以及 Kim 等（2014）的方法衡量股价崩盘风险。首先，剔除个股收益率中市场的影响因素：

$$R_{i,t} = \alpha + \beta_1 R_{M,t-2} + \beta_2 R_{M,t-1} + \beta_3 R_{M,t} + \beta_1 R_{M,t+1} + \beta_2 R_{M,t+2} + \varepsilon_{i,t}$$

其中 $R_{i,t}$ 表示 i 公司的 t 周收益率，$R_{M,t}$ 为整个 A 股市场的 t 周收益率。残差 $\varepsilon_{i,t}$ 为 i 行业的收益率中无法被市场收益率解释的那部分。且将 $W_{i,t} = \ln(1 + \varepsilon_{i,t})$ 概况为 i 公司的 t 周特有收益率。

其次，以此得到股价崩盘风险的第一个衡量指标，具体为负收益偏态系数 $NCSKEW$，具体计算方法为：

$$NCSKEW_{i,t} = -[N_{i,t}(N_{i,t}-1)^{3/2} \sum W^3_{i,t}]/$$
$$[(N_{i,t}-1)(N_{i,t}-2)(\sum W^2_{i,t})^{3/2}]$$

其中 $N_{i,t}$ 表示 i 公司 t 年度交易的周数，$NCSKEW$ 数值越大，说明 i 公司股价崩盘风险越高。

股价崩盘风险的第二个衡量指标用 i 公司周特有收益率上下波动比率 $DUVOL$ 来表示，具体为：

$$DUVOL_{i,t} = \ln\left\{\left[(N_{i,t,\mathrm{Up}} - 1)\sum W^2_{i,t,\mathrm{Down}}\right]\Big/\left[(N_{i,t,\mathrm{Down}} - 1)\sum W^2_{i,t,\mathrm{Up}}\right]\right\}$$

式中，$N_{i,t,\mathrm{Up}}$ 为公司 i 在 t 年度周特有收益率高于年度平均周特有收益率的周数，$N_{i,t,\mathrm{Down}}$ 为公司 i 在 t 年度周特有收益率低于年度平均周特有收益率的周数；$W_{i,t,\mathrm{Up}}$ 和 $W_{i,t,\mathrm{Down}}$ 依此理解。$DUVOL_{i,t}$ 越大表明公司 i 在 t 年度的股价崩盘风险越大。

（2）预算松弛。首先，参照潘飞和程明（2007）的度量方法，利用从年报中手工收集的上市公司营业收入预算数据计算企业收入预算增长率；其次，使用计算的企业收入预算增长率减去所处行业上年度上市公司平均收入增长率，以反映企业收入预算增长率较行业平均增长率的偏离程度；最后，用自然数1减去前上述收入预算增长率偏离来计算预算松弛变量。具体计算公式如下：

$$SLACK_{i,t-1} = 1 - \left[(I^*_{i,t} - I_{i,t-1})/I_{i,t-1} - \hat{I}_{i,t-1}\right]$$

其中，$SLACK_{i,t-1}$ 为公司 i 的 $t-1$ 年度的预算松弛，$I^*_{i,t}$ 表示上市公司 i 在 $t-1$ 年度报告中披露的 t 年度营业收入预算目标，$I_{i,t-1}$ 表示上市公司 i 在 $t-1$ 年度实现的营业收入，$\hat{I}_{i,t-1}$ 表示 $t-1$ 年度上市公司 i 所处行业的平均营业收入增长率。

其次，潘飞和程明（2007）的预算松弛指标是基于可获得的先验证据，即上年度行业平均增长率判断预算松弛程度。然而该指标设计存在以下两个明显不足：第一，该指标反映的是公司较上一年度预算的增长率，然而预算是对下一年度增长率的预期，因此该指标未反映预算的经济实质；第二，该指标是与行业平均增长率比较来衡量预算松弛程度，然而预算更多地基于公司经营状况编制，个体公司增长率并不必然与行业平均增长率保持一致，因此以行业平均增长率为标准判断公司预算编制松弛程度不能反映公司经营情况（雒敏，2010）。

因此，本章借鉴刘浩等（2015）的做法，进一步以预算目标在预算期末是否实现这一后验证据，将潘飞和程明（2007）的预算松弛指标划分为达标预算松弛和未达标预算松弛，以弥补预算松弛指标的先验不足。本章主要变量的说明如表 6-1 所示。

表 6-1　主要变量的说明

变量名称	变量代码	变量说明
股价崩盘风险	NCSKEW	负收益偏态系数
	DUVOL	上下波动比率
预算松弛	SLACK	预算松弛
	REACH-SLACK	达标预算松弛
	unREACH-SLACK	未达标预算松弛
财务资源弹性	LIQUID	货币资金与金融资产之和的自然对数
盈余管理程度	OPAQUE	近三年应计盈余管理绝对值之和
股价波动率	SIGMA	周特有收益率波动率
换手率	DTURN	平均周换手率
公司规模	SIZE	公司市值的自然对数
资产负债率	LEV	财务风险
每股收益	EPS	盈利能力
税收负担	TAX	所得税成本

3. 样本来源

本章选取 2000~2017 年 A 股上市公司为样本，公司股票价格、财务数据、高管信息来源于 CSMAR 股票交易和上市公司数据库以及 WIND 股票数据库，样本公司行业分布见表 6-2。

表 6-2　样本公司行业分布统计

行业	公司数量(个)	占比(%)	行业	公司数量(个)	占比(%)
农林牧渔	70	2.92	房地产	126	5.25
采掘	53	2.21	商业贸易	81	3.38

行业	公司数量(个)	占比(%)	行业	公司数量(个)	占比(%)
化工	220	9.17	餐饮旅游	28	1.17
黑色金属	34	1.42	建筑材料	52	2.17
有色金属	92	3.83	建筑装饰	79	3.29
机械设备	226	9.42	电气设备	121	5.04
电子元器件	137	5.71	国防军工	29	1.21
家用电器	53	2.21	计算机	131	5.46
食品饮料	64	2.67	传媒	79	3.29
纺织服装	67	2.79	通信	60	2.50
轻工制造	70	2.92	银行	17	0.71
医药生物	192	8.00	非银金融	41	1.71
公用事业	103	4.29	汽车	97	4.04
交通运输	78	3.25	全部样本	2400	100.00

(二) 描述性统计与基本回归

表 6 - 3 所示为主要变量的描述性统计结果。结果显示，2000 ~ 2017 年样本公司负收益偏态系数平均为 - 0.09，上下波动比率平均为 - 0.05。本章研究共搜集了 2000 ~ 2017 年 5177 份披露预算目标的上市公司年报，而叶建芳等 （2014） 搜集了 2005 ~ 2010 年的 3145 个预算披露样本，雒敏 （2010） 搜集了 2004 ~ 2008 年的 1008 个预算披露样本，潘飞等 （2008） 搜集了 2000 ~ 2005 年的 1385 个预算披露样本，表明本章预算披露样本搜集较以往学者完整。表 6 - 3 中预算松弛平均为 0.99，潘飞等 （2008） 的预算松弛均值为 0.97，雒敏 （2010） 的预算松弛均值为 1.09，叶建芳等 （2014） 的预算松弛均值为 1.08，表明本章搜集整理得到的预算松弛数据与既有研究相符。

表 6 - 3　主要变量的描述性统计

变量	N（个）	均值	标准差	最小值	最大值
NCSKEW	22845	- 0. 09	0. 65	- 1. 99	1. 65
DUVOL	22845	- 0. 05	0. 49	- 1. 21	1. 16
SLACK	5177	0. 99	0. 35	- 0. 54	2. 18
LIQUID	22391	19. 71	1. 56	14. 93	23. 90
OPAQUE	19764	0. 18	0. 18	0. 00	1. 07
SIGMA	21561	- 0. 01	2. 64	- 4. 68	7. 25
DTURN	21561	0. 01	0. 08	- 0. 22	0. 24

表 6 - 4 所示为主要变量间的相关系数，其中预算松弛总体上与股价崩盘风险不存在显著相关性，可能是由于潘飞和程明（2007）基于行业先验平均增长率构建的预算松弛指标未能完全反映管理层预算特征。财务资源弹性与股价崩盘风险显著负相关，盈余管理程度与股价崩盘风险正相关。

表 6 - 4　主要变量间的 Pearson 系数

变量	NCSKEW	SLACK	LIQUID	OPAQUE	SIGMA	DTURN
NCSKEW	1. 00					
SLACK	0. 01 (0. 35)	1. 00				
LIQUID	- 0. 16 (0. 00)	- 0. 04 (0. 00)	1. 00			
OPAQUE	0. 01 (0. 33)	- 0. 04 (0. 01)	- 0. 06 (0. 00)	1. 00		
SIGMA	- 0. 05 (0. 00)	0. 06 (0. 00)	- 0. 07 (0. 00)	0. 08 (0. 00)	1. 00	

续表

变量	NCSKEW	SLACK	LIQUID	OPAQUE	SIGMA	DTURN
DTURN	- 0.08	- 0.08	0.01	0.09	0.28	1.00
	(0.00)	(0.00)	(0.05)	(0.00)	(0.00)	

注：括号内为 P 值。

表 6 - 5 所示为预算松弛对股价崩盘风险影响的基本检验结果。检验结果显示，预算松弛总体上与股价崩盘风险不存在显著相关性，这可能是由于潘飞和程明（2007）构建的先验预算松弛指标不能反映预算松弛的内在特性，最终导致它与股价崩盘风险存在复杂相关性，从而在整体意义上与股价崩盘风险不存在明显相关关系。

表 6 - 5　预算松弛与股价崩盘风险

变量	(1) NCSKEW	(2) DUVOL
SLACK	- 0.0241	- 0.0098
	(- 0.71)	(- 0.38)
SIGMA	2.6203***	1.3473**
	(3.61)	(2.42)
DTURN	0.1792	0.1495
	(1.11)	(1.26)
SIZE	0.1157***	0.0732***
	(3.81)	(3.12)
EPS	0.0318	0.0515*
	(0.91)	(1.92)
LEV	0.1662	0.1360*
	(1.61)	(1.87)

续表

变量	(1) NCSKEW	(2) DUVOL
TAX	0. 4072	0. 1062
	(0. 65)	(0. 22)
C	− 1. 5881 ***	− 1. 0115 ***
	(− 3. 33)	(− 2. 75)
Year&Industry	YES	YES
FE	YES	YES
R²	0. 09	0. 08
F	18. 73 ***	18. 84 ***
FE-test	1. 27 ***	1. 23 ***
N（个）	4655	4655

注：*、**和***分别表示10%、5%和1%的显著性水平，括号内为 t 值；余同。

控制变量方面，周特有收益率波动率（SIGMA）对公司股价崩盘风险的影响系数在5%或1%的水平下显著为正，这进一步证明了 Khurana 和 Chaudhary（2016）的研究结论，即投资者的异质信念水平与公司股价崩盘概率呈正相关关系，主要原因在于如果公司的看跌投资者与看涨投资者存在较强的不一致性，就会导致看跌投资者处于困境中，看跌投资者会出售手中持有的股票，从而导致股价出现崩盘风险。此外，投资者的异质信念也加大了投机性泡沫风险。其余控制变量中，公司规模、资产负债率、每股收益与股价崩盘风险显著正相关，与 Khurana 和 Chaudhary（2016）以及 Balseiro 等（2017）的研究结论一致。

（三）进一步分析

1. 预算松弛类型与股价崩盘

本部分基于预算目标是否实现这一后验证据，进一步考察不同类型预算松弛对股价崩盘风险影响的差异。

表6-6报告了预算松弛类型与股价崩盘风险之间关系的检验结果。检验结果显示，达标预算松弛与股价崩盘风险显著负相关，而未达标预算松弛与股价崩盘风险显著正相关。可能由于达标预算松弛表明高管在编制预算时故意低估收入、高估费用，导致预算目标低于实际业绩水平，为抵御风险事件导致的未预期损失提供资源支持和财务支持。而未达标预算松弛可能是由于公司竞争状况较差，松弛的预算是其实际经营能力的客观反映，不仅不能为抵御未来风险事件提供缓冲，还可能预示着经营环境进一步恶化，进而加大股价崩盘风险。

表6-6 预算松弛类型与股价崩盘风险

变量	NCSKEW		DUVOL	
	(1)	(2)	(3)	(4)
SLACK	0.0038	-0.0353	0.0133	-0.0190
	(0.10)	(-1.02)	(0.47)	(-0.72)
REACH-SLACK	-0.0391*		-0.0322**	
	(-1.92)		(-2.03)	
unREACH-SLACK		0.0391*		0.0322**
		(1.92)		(2.03)
SIGMA	2.6813***	2.6813***	1.3976**	1.3976**
	(3.68)	(3.68)	(2.50)	(2.50)
DTURN	0.1709	0.1709	0.1427	0.1427
	(1.06)	(1.06)	(1.20)	(1.20)
SIZE	0.1120***	0.1120***	0.0702***	0.0702***
	(3.70)	(3.70)	(2.99)	(2.99)
EPS	0.0306	0.0306	0.0506*	0.0506*
	(0.88)	(0.88)	(1.88)	(1.88)

续表

变量	NCSKEW		DUVOL	
	(1)	(2)	(3)	(4)
LEV	0.1590	0.1590	0.1300 *	0.1300 *
	(1.54)	(1.54)	(1.79)	(1.79)
TAX	0.4225	0.4225	0.1189	0.1189
	(0.67)	(0.67)	(0.24)	(0.24)
C	−1.5322 ***	−1.5322 ***	−0.9655 ***	−0.9655 ***
	(−3.21)	(−3.21)	(−2.61)	(−2.61)
Year&Industry	YES	YES	YES	YES
FE	YES	YES	YES	YES
R^2	0.10	0.10	0.09	0.09
F	18.15 ***	18.15 ***	18.48 ***	18.48 ***
FE-test	1.26 ***	1.26 ***	1.22 ***	1.22 ***
N（个）	4655	4655	4655	4655

在控制变量中，周特有收益率波动率、公司规模、资产负债率、每股收益与股价崩盘风险显著正相关，与基本回归结果一致。

根据目标管理理论，过高或过低的预算目标都会失去激励作用，因此，本部分借鉴叶建芳等（2014）的做法，将预算松弛处于 [90%，110%] 区间内定义为适度预算松弛，即预算增长率在行业平均增长率上下10%的范围内，其余程度的预算松弛定义为过度预算松弛。通过分组检验分析预算松弛对股价崩盘风险的影响。

表6-7所示为适度预算松弛与股价崩盘风险之间关系的检验结果。检验结果显示，适度预算松弛下预算松弛与股价崩盘风险显著负相关，表明适度预算松弛有助于降低公司股价崩盘风险，符合目标管理理论预期，即适度预算松弛有助于高管为

应对经营不确定性提供缓冲垫，确保经营目标实现。

表 6-7　适度预算松弛与股价崩盘风险

变量	NCSKEW		DUVOL	
	(1)	(2)	(3)	(4)
SLACK	-0.8740 **	-0.9499 ***	-0.5008 *	-0.5568 **
	(-2.49)	(-2.73)	(-1.82)	(-2.05)
REACH-SLACK	-0.0759 *		-0.0560 *	
	(-1.93)		(-1.81)	
unREACH-SLACK		0.0759 *		0.0560 *
		(1.93)		(1.81)
SIGMA	2.2328 *	2.2328 *	0.0638	0.0638
	(1.67)	(1.67)	(0.06)	(0.06)
DTURN	0.1287	0.1287	0.1287	0.1287
	(0.40)	(0.40)	(0.53)	(0.53)
SIZE	0.1464 ***	0.1464 ***	0.0784 *	0.0784 *
	(2.71)	(2.71)	(1.71)	(1.71)
EPS	-0.0570	-0.0570	0.0005	0.0005
	(-0.91)	(-0.91)	(0.01)	(0.01)
LEV	0.1380	0.1380	0.0667	0.0667
	(0.83)	(0.83)	(0.52)	(0.52)
TAX	-0.2863	-0.2863	-0.3390	-0.3390
	(-0.17)	(-0.17)	(-0.27)	(-0.27)
C	-1.1000	-1.1000	-0.5251	-0.5251
	(-1.18)	(-1.18)	(-0.69)	(-0.69)
Year&Industry	YES	YES	YES	YES
FE	YES	YES	YES	YES
R^2	0.11	0.11	0.08	0.08

续表

变量	NCSKEW		DUVOL	
	（1）	（2）	（3）	（4）
F	5.95***	5.95***	4.56***	4.56***
FE-test	1.31***	1.31***	1.19***	1.19***
N（个）	1655	1655	1655	1655

表 6-8 所示为过度预算松弛与股价崩盘风险之间关系的检验结果。检验结果显示，过度预算松弛下预算松弛与股价崩盘风险不存在显著相关关系，表明过度预算松弛不存在降低公司股价崩盘风险效应。根据目标管理理论预期，过度低的预算目标和过度高的预算目标都失去激励效应，导致高管不会基于过度预算目标改变经营行为，以影响企业实际经营活动和现金持有水平。

表 6-8　过度预算松弛与股价崩盘风险

变量	NCSKEW		DUVOL	
	（1）	（2）	（3）	（4）
SLACK	-0.0001	-0.0247	0.0052	-0.0168
	（-0.00）	（-0.65）	（0.16）	（-0.58）
REACH-SLACK	-0.0245		-0.0220	
	（-0.88）		（-1.04）	
unREACH-SLACK		0.0245		0.0220
		（0.88）		（1.04）
SIGMA	3.0215***	3.0215***	2.1490***	2.1490***
	（3.05）	（3.05）	（2.87）	（2.87）
DTURN	0.1566	0.1566	0.1217	0.1217
	（0.77）	（0.77）	（0.78）	（0.78）

变量	NCSKEW		DUVOL	
	（1）	（2）	（3）	（4）
SIZE	0.0723 *	0.0723 *	0.0445	0.0445
	（1.78）	（1.78）	（1.43）	（1.43）
EPS	0.0665	0.0665	0.0776 **	0.0776 **
	（1.36）	（1.36）	（2.13）	（2.13）
LEV	0.2152 *	0.2152 *	0.1823 **	0.1823 **
	（1.69）	（1.69）	（2.01）	（2.01）
TAX	0.7555	0.7555	0.2307	0.2307
	（0.91）	（0.91）	（0.43）	（0.43）
C	− 0.9988	− 0.9988	− 0.5889	− 0.5889
	（− 1.59）	（− 1.59）	（− 1.22）	（− 1.22）
Year&Industry	YES	YES	YES	YES
FE	YES	YES	YES	YES
R^2	0.09	0.09	0.09	0.09
F	11.44 ***	11.44 ***	12.03 ***	12.03 ***
FE-test	1.26 ***	1.26 ***	1.16 ***	1.16 ***
N（个）	3000	3000	3000	3000

2. 预算松弛对股价崩盘风险的作用机制

（1）预算松弛与财务资源弹性。根据本章构建的预算松弛分析框架，预算松弛能通过增强公司资源弹性和提高公司盈余质量，弥补不确定性事件造成的资源损失和财务损失，进而降低公司股价崩盘风险。因此，本部分借鉴陈红兵和连玉君（2013）以及马春爱和张亚芳（2013）的做法，基于公司持有的货币资金和金融资产之和的自然对数测度公司财务资源弹性，因为它们的变现能力最强，是企业现金流的基本来源和潜在来源（马春爱和张亚芳，2013），可用于满足公司突发的流动性需求。

表6-9中的检验结果显示，总体上看预算松弛对公司财务资源弹性无显著影响。然而对预算松弛按照达标、未达标分组后，检验结果显示达标预算松弛有助于增强公司财务资源弹性。然而，未达标预算松弛不仅未增强财务资源弹性，反而减弱公司财务资源弹性。可能由于预算未达标企业的预算松弛意味着公司实际经营情况较行业平均水平恶化，将进一步消耗公司自由现金，减弱公司财务资源弹性。

表6-9　预算松弛与财务资源弹性

变量	(1)	(2)	(3)
SLACK	-0.0221	-0.0677	-0.0045
	(-0.47)	(-1.37)	(-0.10)
REACH-SLACK		0.0631***	
		(2.84)	
unREACH-SLACK			-0.0631***
			(-2.84)
SIGMA	-0.2232	-0.2583	-0.2642
	(-0.56)	(-0.43)	(-0.13)
DTURN	-0.1521	0.2312	-0.1972
	(-0.78)	(-0.68)	(-0.72)
SIZE	0.7373***	0.7380***	0.7379***
	(12.62)	(12.65)	(12.61)
EPS	0.0647	0.0504	0.0524
	(0.99)	(0.77)	(0.76)
LEV	-0.0323*	-0.0243**	-0.0324*
	(-1.76)	(-2.32)	(-1.82)
TAX	-0.4495	-0.4624	-0.4624
	(-0.37)	(-0.38)	(-0.38)

续表

变量	（1）	（2）	（3）
C	8.1766 ***	8.1721 ***	8.1721 ***
	（9.40）	（9.41）	（9.41）
Year&Industry	YES	YES	YES
FE	YES	YES	YES
R^2	0.39	0.40	0.40
F	36.33 ***	34.68 ***	34.68 ***
FE-test	9.26 ***	9.23 ***	9.23 ***
N（个）	5026	5026	5026

表 6-10 所示为预算松弛程度与财务资源弹性之间关系的检验结果。检验结果显示，适度预算松弛下达标预算松弛与公司财务资源弹性显著正相关，表明适度的、可实现的预算松弛有助于增强公司财务资源弹性。而过度预算松弛下预算松弛与公司财务资源弹性不存在显著相关性，表明过度预算松弛未改变公司财务资源弹性，失去激励效应。

表 6-10 预算松弛程度与财务资源弹性

变量	适度松弛样本			过度松弛样本		
	（1）	（2）	（3）	（1）	（2）	（3）
SLACK	0.2709	0.0369	0.1679	-0.0211	-0.0453	-0.0108
	（0.84）	（0.11）	（0.52）	（-0.41）	（-0.80）	（-0.21）
REACH-SLACK		0.1311 ***			0.0345	
		（3.20）			（1.25）	
unREACH-SLACK			-0.1311 ***			-0.0345
			（-3.20）			（-1.25）
SIGMA	-0.2331	-0.2124	-0.2325	-0.2178	-0.2382	-0.2143
	（-0.58）	（-0.45）	（-0.23）	（-0.75）	（-0.32）	（-0.63）

续表

变量	适度松弛样本			过度松弛样本		
	（1）	（2）	（3）	（1）	（2）	（3）
DTURN	- 0. 1532	0. 2312	- 0. 1568	- 0. 143	0. 2334	- 0. 1986
	（ - 0. 73）	（ - 0. 57）	（ - 0. 69）	（ - 0. 97）	（ - 0. 85）	（ - 0. 91）
SIZE	0. 7857 ***	0. 7842 ***	0. 7842 ***	0. 6921 ***	0. 6930 ***	0. 6930 ***
	（8. 72）	（8. 74）	（8. 74）	（11. 39）	（11. 44）	（11. 44）
EPS	- 0. 0238	- 0. 0576	- 0. 0576	0. 1133 *	0. 1056 *	0. 1056 *
	（ - 0. 18）	（ - 0. 41）	（ - 0. 41）	（1. 77）	（1. 65）	（1. 65）
LEV	- 0. 0312 *	- 0. 0225 *	- 0. 0315 *	- 0. 0318 *	- 0. 0267 *	- 0. 0325 *
	（ - 1. 77）	（ - 1. 82）	（ - 1. 85）	（ - 1. 79）	（ - 1. 72）	（ - 1. 81）
TAX	0. 1382	0. 2707	0. 2707	- 1. 2310	- 1. 2535	- 1. 2535
	（0. 06）	（0. 12）	（0. 12）	（ - 0. 92）	（ - 0. 93）	（ - 0. 93）
C	7. 3197 ***	7. 5054 ***	7. 5054 ***	8. 8167 ***	8. 8056 ***	8. 8056 ***
	（5. 15）	（5. 36）	（5. 36）	（9. 70）	（9. 72）	（9. 72）
Year&Industry	YES	YES	YES	YES	YES	YES
FE	YES	YES	YES	YES	YES	YES
R^2	0. 38	0. 38	0. 38	0. 39	0. 39	0. 39
F	22. 68 ***	21. 65 ***	21. 65 ***	27. 77 ***	26. 68 ***	26. 68 ***
FE-test	5. 12 ***	5. 15 ***	5. 15 ***	6. 92 ***	6. 88 ***	6. 88 ***
N （个）	1804	1804	1804	3222	3222	3222

（2）预算松弛与盈余管理程度。预算松弛可能通过谨慎性会计处理降低公司盈余管理程度，提高应对风险损失的报告盈余质量。因此，本部分借鉴 Hutton（2009）的做法，基于公司近三年应计盈余管理绝对值之和测度盈余管理程度，该指标越大表明企业财务透明度越低、盈余质量越低。

表 6 - 11 中的检验结果显示，预算松弛与公司盈余管理程度显著负相关，但达标预算松弛、未达标预算松弛对公司盈余

质量的影响不存在显著差异。这是由于应计盈余管理是通过财务手段进行的，反映权责发生制与收付实现制的偏离，松弛的预算目标会降低公司业绩压力，从而减弱管理层的盈余操纵动机。

表 6-11　预算松弛与盈余管理程度

变量	(1)	(2)	(3)
SLACK	-0.0283 ***	-0.0296 ***	-0.0250 **
	(-2.74)	(-2.80)	(-2.30)
REACH-SLACK		0.0046	
		(0.80)	
unREACH-SLACK			-0.0046
			(-0.80)
SIGMA	0.3211 **	0.2165 *	0.2599 ***
	(2.52)	(1.78)	(3.52)
DTURN	0.0152 *	0.0278	0.0312 **
	(1.71)	(1.52)	(2.48)
SIZE	0.0001	-0.0000	-0.0000
	(0.01)	(-0.00)	(-0.00)
EPS	0.0264 **	0.0274 **	0.0274 **
	(2.21)	(2.23)	(2.23)
LEV	0.2323	0.2412	0.2123 *
	(1.23)	(1.25)	(1.74)
TAX	0.7747 ***	0.7766 ***	0.7766 ***
	(4.07)	(4.09)	(4.09)
C	0.1337	0.1343	0.1343
	(0.80)	(0.81)	(0.81)
Year&Industry	YES	YES	YES

续表

变量	（1）	（2）	（3）
FE	YES	YES	YES
R^2	0.04	0.04	0.04
F	3.76***	3.80***	3.80***
FE-test	4.30***	4.30***	4.30***
N（个）	4686	4686	4686

表 6-12 所示为预算松弛程度与盈余管理程度之间关系的检验结果。检验结果显示，适度预算松弛、过度预算松弛都会降低管理层业绩压力，从而降低管理层操纵财务报告的水平，提高公司盈余质量。

表 6-12　预算松弛程度与盈余管理程度

变量	适度松弛样本			过度松弛样本		
	（1）	（2）	（3）	（4）	（5）	（6）
SLACK	-0.1824***	-0.1773**	-0.1710**	-0.0299***	-0.0324***	-0.0243**
	（-2.62）	（-2.51）	（-2.36）	（-2.72）	（-2.81）	（-2.06）
REACH-SLACK		0.0063			0.0081	
		（0.72）			（0.99）	
unREACH-SLACK			-0.0063			-0.0081
			（-0.72）			（-0.99）
SIGMA	0.2213*	0.2142*	0.2123**	0.3232**	0.2141*	0.2563*
	（1.72）	（1.78）	（2.43）	（2.44）	（1.78）	（1.81）
DTURN	0.0143	0.0223	0.0323	0.0168	0.0169	0.0115
	（1.11）	（1.32）	（1.47）	（1.51）	（1.57）	（1.47）
SIZE	-0.0056	-0.0055	-0.0055	0.0011	0.0009	0.0009
	（-0.31）	（-0.31）	（-0.31）	（0.09）	（0.07）	（0.07）

变量	适度松弛样本			过度松弛样本		
	（1）	（2）	（3）	（4）	（5）	（6）
EPS	0.0138	0.0154	0.0154	0.0423***	0.0442***	0.0442***
	(0.84)	(0.93)	(0.93)	(2.63)	(2.64)	(2.64)
LEV	0.1321	0.1413	0.1122	0.1324	0.1411	0.1125
	(1.21)	(1.22)	(1.24)	(1.26)	(1.35)	(1.44)
TAX	1.0337**	1.0266**	1.0266**	0.6476***	0.6540***	0.6540***
	(2.24)	(2.22)	(2.22)	(2.83)	(2.87)	(2.87)
C	0.3798	0.3702	0.3702	0.1172	0.1202	0.1202
	(1.31)	(1.28)	(1.28)	(0.60)	(0.62)	(0.62)
Year&Industry	YES	YES	YES	YES	YES	YES
FE	YES	YES	YES	YES	YES	YES
R^2	0.05	0.05	0.05	0.08	0.08	0.08
F	2.52***	2.45***	2.45***	4.82***	4.65***	4.65***
FE-test	3.16***	3.15***	3.15***	3.90***	3.90***	3.90***
N（个）	1686	1686	1686	3000	3000	3000

（3）财务资源弹性、盈余管理程度与股价崩盘风险。表6-13中的检验结果显示，公司财务资源弹性与股价崩盘风险显著负相关，盈余管理程度与股价崩盘风险显著正相关，表明增强公司财务资源弹性、提高公司盈余质量有助于降低公司股价崩盘风险，理论假设 H6-1 得以验证。

表6-13　财务资源弹性、盈余管理程度与股价崩盘风险

变量	NCSKEW		DUVOL	
	（1）	（2）	（3）	（4）
SLACK	0.0078	-0.0294	0.0206	-0.0123
	(0.20)	(-0.81)	(0.71)	(-0.45)

续表

变量	NCSKEW		DUVOL	
	(1)	(2)	(3)	(4)
REACH-SLACK	-0.0372*		-0.0329*	
	(-1.73)		(-1.96)	
unREACH-SLACK		0.0372*		0.0329*
		(1.73)		(1.96)
lnLIQUID	-0.0349**	-0.0349**	-0.0312**	-0.0312**
	(-2.18)	(-2.18)	(-2.58)	(-2.58)
OPAQUE	0.1793**	0.1793**	0.0967*	0.0967*
	(2.48)	(2.48)	(1.74)	(1.74)
SIGMA	2.5857***	2.5857***	1.2631**	1.2631**
	(3.40)	(3.40)	(2.17)	(2.17)
DTURN	0.0642	0.0642	0.0628	0.0628
	(0.38)	(0.38)	(0.51)	(0.51)
SIZE	0.1388***	0.1388***	0.0956***	0.0956***
	(4.32)	(4.32)	(3.80)	(3.80)
EPS	0.0326	0.0326	0.0598**	0.0598**
	(0.92)	(0.92)	(2.21)	(2.21)
LEV	0.1604	0.1604	0.1357*	0.1357*
	(1.52)	(1.52)	(1.83)	(1.83)
TAX	0.4080	0.4080	0.0932	0.0932
	(0.64)	(0.64)	(0.19)	(0.19)
C	-1.2721**	-1.2721**	-0.7688*	-0.7688*
	(-2.51)	(-2.51)	(-1.93)	(-1.93)
Year&Industry	YES	YES	YES	YES
FE	YES	YES	YES	YES
R^2	0.10	0.10	0.09	0.09

变量	NCSKEW		DUVOL	
	(1)	(2)	(3)	(4)
F	18.01***	18.01***	18.55***	18.55***
FE-test	1.39***	1.39***	1.26***	1.26***
N (个)	4351	4351	4351	4351

综合前述检验结果可知，预算松弛通过增强公司财务资源弹性和提高公司盈余质量，降低公司股价崩盘风险，从而验证理论假设 H6-2。同时，在控制财务资源弹性、盈余管理程度的中介效应后，达标预算松弛与股价崩盘风险依然显著负相关，表明达标预算松弛不仅通过增强财务资源弹性、提高盈余质量间接降低股价崩盘风险，还存在直接降低股价崩盘风险的效应。

（四）预算松弛的经济后果检验

1. 经济后果检验设计

以上已经验证预算松弛有助于增强公司财务资源弹性和提高公司盈余质量，从而降低股价崩盘风险，本部分检验预算松弛通过股价崩盘风险对公司进一步产生的经济后果：

$$BTM_{i,t}/DLNMARKET_{i,t} = C + \rho_1 SLACK_{i,t-1} + \rho_2 NCSKEW_{i,t-1}/DUVOL_{i,t-1}$$
$$+ \beta X_{i,t-1} + year\&industry + \mu_i + \varepsilon \qquad (6-5)$$

式中，$BTM_{i,t}$ 和 $DLNMARKET_{i,t}$ 分别为公司 i 在 t 年度的账面市值比（市场溢价）和市值的自然对数增长率（市值增长），用以反映公司投资者溢价水平与价值增长性。另外，控制变量包括资产负债率（LEV）、资产收益率（ROA）和换手率（DTURN）。

2. 预算松弛、股价崩盘风险与市场溢价

表 6-14 所示为预算松弛、股价崩盘风险对市场溢价影响的检验结果。检验结果显示，股价崩盘风险会增加公司账市比，即降低公司市场溢价水平、加剧公司财务困境。结合前述研究，表明预算松弛会通过降低公司股价崩盘风险而间接降低公司账市比，从而提高公司市场溢价。预算松弛除了通过股价崩盘风险影响公司账市比，还会通过影响公司财务资源弹性和盈余管理程度影响公司账市比。其中，预算松弛通过增强公司财务资源弹性降低了公司市场溢价，通过降低公司盈余管理程度降低了公司市场溢价。

表 6-14 预算松弛、股价崩盘风险与市场溢价

变量	全部样本		适度松弛样本		过度松弛样本	
	(1)	(2)	(3)	(4)	(5)	(6)
NCSKEW	0.0199 ***		0.0180 *		0.0200 ***	
	(3.87)		(1.90)		(2.92)	
DUVOL		0.0254 ***		0.0215 *		0.0243 ***
		(3.88)		(1.79)		(2.73)
SLACK	-0.0108	-0.0118	-0.0219	-0.0232	-0.0114	-0.0125
	(-0.96)	(-1.04)	(-0.65)	(-0.68)	(-0.87)	(-0.95)
REACH-SLACK	-0.0157 **	-0.0154 **	0.0052	0.0058	-0.0225 ***	-0.0224 ***
	(-2.40)	(-2.36)	(0.43)	(0.49)	(-2.70)	(-2.70)
lnLIQUID	0.0501 ***	0.0501 ***	0.0466 ***	0.0466 ***	0.0478 ***	0.0478 ***
	(6.47)	(6.48)	(4.00)	(3.99)	(5.35)	(5.35)
OPAQUE	-0.0979 ***	-0.0956 ***	-0.1406 ***	-0.1357 ***	-0.1114 ***	-0.1099 ***
	(-4.12)	(-4.02)	(-2.93)	(-2.82)	(-3.99)	(-3.94)
LEV	-0.2456 ***	-0.2470 ***	-0.2560 ***	-0.2597 ***	-0.2874 ***	-0.2878 ***
	(-5.97)	(-6.04)	(-3.67)	(-3.71)	(-5.26)	(-5.29)

变量	全部样本		适度松弛样本		过度松弛样本	
	（1）	（2）	（3）	（4）	（5）	（6）
ROA	− 0. 3245 ***	− 0. 3268 ***	0. 0860	0. 0798	− 0. 5084 ***	− 0. 5091 ***
	（ − 2. 89）	（ − 2. 89）	（0. 42）	（0. 38）	（ − 4. 13）	（ − 4. 14）
DTURN	− 0. 1307 **	− 0. 1306 **	− 0. 2065 **	− 0. 2076 **	− 0. 1100	− 0. 1111
	（ − 2. 25）	（ − 2. 25）	（ − 1. 98）	（ − 1. 98）	（ − 1. 49）	（ − 1. 51）
C	− 0. 3549 **	− 0. 3540 **	− 0. 2539	− 0. 2514	− 0. 2842	− 0. 2833
	（ − 2. 23）	（ − 2. 23）	（ − 1. 05）	（ − 1. 04）	（ − 1. 56）	（ − 1. 55）
Year&Industry	YES	YES	YES	YES	YES	YES
FE	YES	YES	YES	YES	YES	YES
R^2	0. 46	0. 46	0. 45	0. 45	0. 49	0. 49
F	74. 19 ***	74. 48 ***	22. 98 ***	22. 70 ***	53. 90 ***	54. 04 ***
FE-test	6. 76 ***	6. 76 ***	4. 15 ***	4. 14 ***	4. 91 ***	4. 90 ***
N（个）	3614	3614	1151	1151	2463	2463

同时，达标预算松弛的主效应显著为负，表明达标预算松弛不仅通过股价崩盘风险、财务资源弹性、盈余质量间接影响公司账市比，还存在直接降低公司账市比的效应。从预算松弛程度来看，适度预算松弛主要通过股价崩盘风险、自由现金持有、盈余管理间接影响公司市场溢价，而过度预算松弛主要是直接影响公司市场溢价。

3. 预算松弛、股价崩盘风险与市值增长

表 6 - 15 所示为预算松弛、股价崩盘风险对市值增长影响的检验结果。检验结果显示，股价崩盘风险会降低公司市值的自然对数增长率，即抑制公司市值增长。结合前述研究，预算松弛会通过降低公司股价崩盘风险而间接促进公司市值增长。预算松弛除了通过股价崩盘风险影响公司市值增长，还会通过影响公司财务资源弹性和盈余管理程度影响公司市值增长，其

中预算松弛通过增强财务资源弹性抑制公司市值增长，通过降低公司盈余管理程度抑制公司市值增长。

表 6 - 15　预算松弛、股价崩盘风险与市值增长

变量	全部样本		适度松弛样本		过度松弛样本	
	（1）	（2）	（3）	（4）	（5）	（6）
NCSKEW	-0.0467***		-0.0674***		-0.0388***	
	（-6.29）		（-4.65）		（-4.03）	
DUVOL		-0.0612***		-0.0796***		-0.0502***
		（-6.12）		（-4.26）		（-3.86）
SLACK	-0.0039	-0.0023	0.0364	0.0390	-0.0068	-0.0049
	（-0.24）	（-0.14）	（0.78）	（0.82）	（-0.35）	（-0.26）
REACH-SLACK	0.0490***	0.0485***	0.0339*	0.0319*	0.0520***	0.0519***
	（5.25）	（5.17）	（1.82）	（1.70）	（4.24）	（4.22）
lnLIQUID	-0.0280***	-0.0277***	-0.0130	-0.0114	-0.0342***	-0.0341***
	（-3.12）	（-3.11）	（-0.69）	（-0.60）	（-3.82）	（-3.83）
OPAQUE	0.1923***	0.1936***	0.1052	0.1176	0.2847***	0.2841***
	（3.22）	（3.23）	（0.87）	（0.96）	（4.09）	（4.06）
LEV	0.7461***	0.7482***	0.5083**	0.5268***	0.9427***	0.9430***
	（6.36）	（6.37）	（2.57）	（2.67）	（6.34）	（6.33）
ROA	-0.1114	-0.1129	-0.0129	-0.0139	-0.0608	-0.0617
	（-1.48）	（-1.50）	（-0.10）	（-0.11）	（-0.62）	（-0.63）
DTURN	0.0334	0.0289	0.0434	0.0291	0.0071	0.0041
	（0.88）	（0.77）	（0.64）	（0.42）	（0.15）	（0.09）
C	0.2153	0.2080	-0.0555	-0.0951	0.3105*	0.3063*
	（1.27）	（1.23）	（-0.15）	（-0.26）	（1.76）	（1.75）
Year&Industry	YES	YES	YES	YES	YES	YES

续表

变量	全部样本		适度松弛样本		过度松弛样本	
	（1）	（2）	（3）	（4）	（5）	（6）
FE	YES	YES	YES	YES	YES	YES
R^2	0.67	0.67	0.65	0.65	0.68	0.68
F	293.10***	295.85***	66.35***	67.54***	201.73***	202.04***
FE-test	1.03	1.03	1.08	1.06	1.07	1.07
N（个）	3983	3983	1297	1297	2686	2686

同时，达标预算松弛的主效应显著为正，表明达标预算松弛不仅通过股价崩盘风险、财务资源弹性、盈余质量间接影响公司市值增长，还存在直接促进公司市值增长的效应。从预算松弛程度来看，过度预算松弛主要通过股价崩盘风险、自由现金持有、盈余管理间接影响公司市值增长，而适度预算松弛主要是直接影响公司市值增长。

（五）稳健性检验

1. 基于 Heckman 两阶段方法的检验

本章通过手工搜集上市公司预算披露数据检验预算松弛与股价崩盘风险之间的关系，检验结果受上市公司预算披露影响。由于数据可获得性，检验样本集中于披露预算数据的上市公司，导致样本可能存在选择性偏误。

表 6-16 报告了样本公司与非样本公司的分组均值差异检验结果。检验结果显示，两组样本在公司规模、每股收益、资产负债率和税收负担方面存在显著差异，其中披露预算公司的规模、每股收益和资产负债率均高于未披露预算公司，披露预算公司税收负担水平低于未披露预算公司。

表 6 - 16　预算披露与未披露公司分组均值差异检验

变量	均值		T 值
	披露预算	未披露预算	
SIZE	21. 75	15. 16	- 10. 14 ***
EPS	0. 25	0. 21	- 7. 51 ***
LEV	0. 52	0. 49	- 11. 19 ***
TAX	0. 019	0. 02	2. 28 **

因此，本部分通过 Heckman 两阶段方法控制样本选择性偏误。检验过程如下：

$$Y_{i,t} = C + \beta_1 SIZE_{i,t} + \beta_2 EPS_{i,t} + \beta_3 LEV_{i,t} + \beta_4 TAX_{i,t} + year\&industry + \xi$$

$$(6 - 6)$$

$$NCSKEW_{i,t} / DUVOL_{i,t} = C + \beta_1 SLACK_{i,t-1} + \beta X_{i,t-1} + Lambda \\ + year\&industry + \varepsilon \qquad (6 - 7)$$

$$BTM_{i,t} = C + \beta_1 SLACK_{i,t-1} + \beta_2 NCSKEW_{i,t-1} + \beta X_{i,t-1} + Lambda \\ + year\&industry + \xi \qquad (6 - 8)$$

$$DLNMARKET_{i,t} = C + \beta_1 SLACK_{i,t-1} + \beta_2 NCSKEW_{i,t-1} + \beta X_{i,t-1} \\ + Lambda + year\&industry + \xi \qquad (6 - 9)$$

式中，$Y_{i,t}$ 为 i 公司 t 年度是否披露预算的虚拟变量，披露为 1，未披露为 0；Lambda 为披露预算公司的逆米尔斯比率，用以控制披露预算公司的选择性偏误。

表 6 - 17 所示为 Heckman 两阶段方法的第一阶段检验结果，检验结果进一步验证披露预算公司与未披露预算公司在公司规模、盈利能力、资本结构和所得税负方面存在显著差异。

表 6 - 17　Heckman 两阶段方法的第一阶段检验结果

变量	系数
SIZE	0. 0307 ***
	(0. 0031)
EPS	0. 0590 ***
	(0. 0085)
LEV	0. 1907 ***
	(0. 0132)
TAX	- 0. 3857 ***
	(0. 1147)
C	- 0. 3319 ***
	(0. 0466)
Year&Industry	YES
R^2	0. 02
F	107. 18 ***
N （个）	22232

表 6 - 18 中的检验结果显示，在控制样本选择性偏误后，达标预算松弛依然与股价崩盘风险显著负相关，未达标预算松弛与股价崩盘风险显著正相关；预算松弛与公司账市比显著负相关，表明预算松弛的主效应会提高公司市场溢价；达标预算松弛与公司市值的自然对数增长率显著正相关，股价崩盘风险与公司市值的自然对数增长率显著负相关，表明达标预算松弛不仅直接促进公司市值增长，还会通过降低公司股价崩盘风险间接促进公司市值增长。

表 6 - 18　Heckman 两阶段方法的第二阶段检验结果

变量	NCSKEW		BTM		DLNMARKET	
	(1)	(2)	(3)	(4)	(5)	(6)
SLACK	0.0081	-0.0305	-0.0235*	-0.0249**	-0.0408***	0.0145
	(0.27)	(-1.11)	(-1.75)	(-2.17)	(-3.04)	(1.25)
REACH-SLACK	-0.0386**		-0.0015		0.0553***	
	(-2.08)		(-0.19)		(6.99)	
unREACH-SLACK		0.0386**		0.0015		-0.0553***
		(2.08)		(0.19)		(-6.99)
NCSKEW			0.0089	0.0089	-0.0402***	-0.0402***
			(1.49)	(1.49)	(-5.92)	(-5.92)
lnLIQUID	-0.0472***	-0.0472***	0.0882***	0.0882***	-0.0293***	-0.0293***
	(-4.31)	(-4.31)	(27.28)	(27.28)	(-8.46)	(-8.46)
OPAQUE	0.1888***	0.1888***	-0.1810***	-0.1810***	0.0678**	0.0678**
	(3.10)	(3.10)	(-7.91)	(-7.91)	(2.37)	(2.37)
SIGMA	0.3408	0.3408				
	(0.97)	(0.97)				
DTURN	0.0461	0.0461	-0.0278	-0.0278	-0.0041	-0.0041
	(0.32)	(0.32)	(-0.54)	(-0.54)	(-0.07)	(-0.07)
SIZE	0.0126	0.0126				
	(0.70)	(0.70)				
EPS	0.1125***	0.1125***				
	(4.00)	(4.00)				
LEV	0.0239	0.0239	-0.2061***	-0.2061***	0.1046***	0.1046***
	(0.36)	(0.36)	(-9.15)	(-9.15)	(4.06)	(4.06)
TAX	-0.2553	-0.2553				
	(-0.55)	(-0.55)				

续表

变量	NCSKEW		BTM		DLNMARKET	
	(1)	(2)	(3)	(4)	(5)	(6)
ROA			-0.5608***	-0.5608***	0.6394***	0.6394***
			(-5.83)	(-5.83)	(7.26)	(7.26)
Lambda	0.0917	0.0917	0.0229***	0.0229***	-0.0334***	-0.0334***
	(0.95)	(0.95)	(3.16)	(3.16)	(-4.15)	(-4.15)
C	0.7003**	0.7003**	-1.1619***	-1.1619***	0.3413***	0.3413***
	(2.09)	(2.09)	(-17.77)	(-17.77)	(4.85)	(4.85)
Year&Industry	YES	YES	YES	YES	YES	YES
FE	YES	YES	YES	YES	YES	YES
R^2	0.13	0.13	0.48	0.48	0.65	0.65
F	13.84***	13.84***	64.20***	64.20***	149.37***	149.37***
N（个）	4350	4350	3612	3612	3981	3981

2. 基于股价崩盘事件的检验

为避免股价崩盘风险测度的主观偏误，本章参照 DeFond 等（2015）的做法，将年度内发生一次周特有收益率低于平均收益率两倍标准差以下的事件定义为股价崩盘，构建如下市场崩盘模型：

$$CRASH_{i,t} = \begin{cases} 1, \text{if } R_{i,t} \leqslant APErage(R_{i,t}) - 2\sigma_{i,t} \\ 0, \text{otherwise} \end{cases}$$

其中，$R_{i,t}$ 为剔除市场整体收益率后的公司特有收益率。

表 6-19 所示为基于股价崩盘事件的预算松弛经济后果检验，检验结果显示达标预算松弛会降低公司发生股价崩盘事件的概率，达标预算松弛不仅直接提高公司市场溢价和促进公司市场增长，还会通过降低股价崩盘风险间接影响它们。

表 6 - 19　基于股价崩盘事件的检验结果

变量	CRASH		BTM		DLNMARKET	
	(1)	(2)	(3)	(4)	(5)	(6)
SLACK	0.0084	-0.0136	-0.0113	-0.0283**	-0.0023	0.0470***
	(0.38)	(-0.64)	(-0.98)	(-2.54)	(-0.14)	(3.18)
REACH-SLACK	-0.0219*		-0.0170***		0.0494***	
	(-1.64)		(-2.59)		(5.20)	
unREACH-SLACK		0.0219*		0.0170***		-0.0494***
		(1.64)		(2.59)		(-5.20)
NCSKEW			-0.0171**	-0.0171**	-0.0452***	-0.0452***
			(-2.15)	(-2.15)	(-3.86)	(-3.86)
lnLIQUID	-0.0142	-0.0142	0.0498***	0.0498***	-0.0278***	-0.0278***
	(-1.42)	(-1.42)	(6.46)	(6.46)	(-3.06)	(-3.06)
OPAQUE	0.0785*	0.0785*	-0.0938***	-0.0938***	0.0326	0.0326
	(1.66)	(1.66)	(-3.95)	(-3.95)	(0.85)	(0.85)
SIGMA	0.8182*	0.8182*				
	(1.63)	(1.63)				
DTURN	-0.0289	-0.0289	-0.1358**	-0.1358**	-0.0751	-0.0751
	(-0.27)	(-0.27)	(-2.35)	(-2.35)	(-0.99)	(-0.99)
SIZE	0.0078	0.0078				
	(0.38)	(0.38)				
EPS	0.0171	0.0171				
	(0.69)	(0.69)				
LEV	0.0861	0.0861	-0.2457***	-0.2457***	0.1873***	0.1873***
	(1.55)	(1.55)	(-5.97)	(-5.97)	(3.13)	(3.13)
TAX	0.1081	0.1081				
	(0.28)	(0.28)				

变量	CRASH		BTM		DLNMARKET	
	（1）	（2）	（3）	（4）	（5）	（6）
ROA			-0. 3260 ***	-0. 3260 ***	0. 7495 ***	0. 7495 ***
			（-2. 87）	（-2. 87）	（6. 32）	（6. 32）
C	0. 3578	0. 3578	-0. 3431 **	-0. 3431 **	0. 2185	0. 2185
	（1. 20）	（1. 20）	（-2. 17）	（-2. 17）	（1. 27）	（1. 27）
Year&Industry	YES	YES	YES	YES	YES	YES
FE	YES	YES	YES	YES	YES	YES
R²	0. 21	0. 21	0. 46	0. 46	0. 67	0. 67
F	29. 06 ***	29. 06 ***	74. 24 ***	74. 24 ***	288. 12 ***	288. 12 ***
FE	3. 83 ***	3. 83 ***	6. 71 ***	6. 71 ***	1. 00	1. 00
N（个）	4351	4351	3614	3614	3983	3983

3. 基于预算完成度的检验

前已述及潘飞和程明（2007）构建的先验预算松弛指标存在两个问题，包括未反映未来增长信息和公司内在增长信息。正如雒敏（2010）指出的，该指标不能反映公司内部和本期影响。因此，本部分借鉴雒敏（2010）以及刘浩等（2015）的做法，构建预算完成度指标，以测度预算松弛程度：

$$BUDGET_{i,t-1} = I_{i,t}/I_{i,t-1}^{*}$$

其中，$BUDGET_{i,t-1}$ 为公司 i 在上一年度报告中收入预算目标的实际完成度，$I_{i,t}$ 为公司 i 在预算年度的实际营业收入，$I_{i,t-1}^{*}$ 表示公司 i 在上一年报告中披露的对下一年度的收入预算目标。该指标越大，表明上市公司在上一年度报告中披露的预算收入相较于实际收入明显松弛。

表 6－20 中的检验结果显示，达标预算完成度与股价崩盘风险显著负相关，未达标预算完成度与股价崩盘风险显著正相

关，表明达标预算松弛能够显著降低股价崩盘风险。进一步检验显示，达标预算完成度与公司账市比显著负相关，股价崩盘风险与公司账市比显著正相关，表明达标预算完成度不仅直接提高公司市场溢价，还会通过降低公司股价崩盘风险提高公司市场溢价；达标预算完成度与公司市值的自然对数增长率显著正相关，股价崩盘风险与公司市值的自然对数增长率显著负相关，表明达标预算松弛不仅直接促进公司市值增长，还会通过降低公司股价崩盘风险促进公司市值增长。检验结果与基本回归结果一致。

表 6 – 20　基于预算完成度的检验结果

变量	CRASH		BTM		DLNMARKET	
	(1)	(2)	(3)	(4)	(5)	(6)
BUDGET	0.0772 *	0.0195	0.0016	− 0.0124	0.0356	0.0732 ***
	(1.76)	(0.71)	(0.12)	(− 1.39)	(1.46)	(4.39)
REACH-BUDGET	− 0.0577 **		− 0.0140 *		0.0376 ***	
	(− 2.17)		(− 1.71)		(3.08)	
unREACH-BUDGET		0.0577 **		0.0140 *		− 0.0376 ***
		(2.17)		(1.71)		(− 3.08)
NCSKEW			0.0202 ***	0.0202 ***	− 0.0466 ***	− 0.0466 ***
			(3.90)	(3.90)	(− 6.23)	(− 6.23)
ln*LIQUID*	− 0.0367 **	− 0.0367 **	0.0506 ***	0.0506 ***	− 0.0315 ***	− 0.0315 ***
	(− 2.26)	(− 2.26)	(6.55)	(6.55)	(− 3.65)	(− 3.65)
OPAQUE	0.1799 **	0.1799 **	− 0.0941 ***	− 0.0941 ***	0.0183	0.0183
	(2.50)	(2.50)	(− 3.92)	(− 3.92)	(0.53)	(0.53)
SIGMA	2.5592 ***	2.5592 ***				
	(3.37)	(3.37)				

续表

变量	CRASH		BTM		DLNMARKET	
	(1)	(2)	(3)	(4)	(5)	(6)
DTURN	0.0722	0.0722	-0.1299**	-0.1299**	-0.1159	-0.1159
	(0.43)	(0.43)	(-2.23)	(-2.23)	(-1.55)	(-1.55)
SIZE	0.1414***	0.1414***				
	(4.37)	(4.37)				
EPS	0.0329	0.0329				
	(0.93)	(0.93)				
LEV	0.1626	0.1626	-0.2380***	-0.2380***	0.1622***	0.1622***
	(1.55)	(1.55)	(-5.83)	(-5.83)	(2.87)	(2.87)
TAX	0.3866	0.3866				
	(0.60)	(0.60)				
ROA			-0.3119***	-0.3119***	0.6473***	0.6473***
			(-2.74)	(-2.74)	(5.48)	(5.48)
C	-1.3375***	-1.3375***	-0.3833**	-0.3833**	0.2568	0.2568
	(-2.64)	(-2.64)	(-2.42)	(-2.42)	(1.56)	(1.56)
Year&Industry	YES	YES	YES	YES	YES	YES
FE	YES	YES	YES	YES	YES	YES
R^2	0.10	0.10	0.46	0.46	0.67	0.67
F	18.06***	18.06***	74.49***	74.49***	301.09***	301.09***
FE	1.24***	1.24***	6.74***	6.74***	1.08*	1.08*
N（个）	4351	4351	3983	3983	3983	3983

4. 调整预算松弛分类标准后的检验

本章基于预算目标是否实现这一后验证据来识别预算松弛类型，为提高预算松弛类型的识别效力，本部分将连续两年预算达标定义为达标预算松弛，连续两年预算未达标定为未达标预算松弛，前者代表管理层主观故意预算松弛，导致连续两年预算目标低估,后者表征公司竞争状况差,导致连续两年松弛目标未实现。

表6-21中的检验结果显示,连续两年达标公司的预算松弛与股价崩盘风险显著负相关,连续两年未达标公司的预算松弛与股价崩盘风险显著正相关,进一步表明达标预算松弛能够显著降低股价崩盘风险。进一步检验显示,预算松弛与公司账市比显著负相关,股价崩盘风险与公司账市比显著正相关,表明达标预算松弛不仅直接提高公司市场溢价,还会通过降低公司股价崩盘风险提高公司市场溢价;连续两年达标公司的预算松弛与公司市值的自然对数增长率显著正相关,股价崩盘风险与公司市值的自然对数增长率显著负相关,表明达标预算松弛不仅直接促进公司市值增长,还会通过降低公司股价崩盘风险促进公司市值增长。检验结果与基本回归结果一致。

表6-21 调整预算松弛分类标准后的检验结果

变量	CRASH		BTM		DLNMARKET	
	(1)	(2)	(3)	(4)	(5)	(6)
SLACK	-0.0050	-0.0580	-0.0263	-0.0392**	-0.0256	0.0283
	(-0.09)	(-1.16)	(-1.44)	(-2.32)	(-1.03)	(1.25)
REACH-SLACK	-0.0530*		-0.0129		0.0538***	
	(-1.88)		(-1.57)		(4.69)	
unREACH-SLACK		0.0530*		0.0129		-0.0538***
		(1.88)		(1.57)		(-4.69)
NCSKEW			0.0246***	0.0246***	-0.0437***	-0.0437***
			(4.21)	(4.21)	(-5.25)	(-5.25)
lnLIQUID	-0.0369**	-0.0369**	0.0526***	0.0526***	-0.0380***	-0.0380***
	(-2.06)	(-2.06)	(5.37)	(5.37)	(-4.11)	(-4.11)

续表

变量	CRASH		BTM		DLNMARKET	
	(1)	(2)	(3)	(4)	(5)	(6)
OPAQUE	0.1778 **	0.1778 **	-0.1221 ***	-0.1221 ***	0.0325	0.0325
	(2.27)	(2.27)	(-4.39)	(-4.39)	(0.79)	(0.79)
SIGMA	2.2070 ***	2.2070 ***				
	(2.77)	(2.77)				
DTURN	0.0378	0.0378	-0.1248 *	-0.1248 *	-0.1577 *	-0.1577 *
	(0.21)	(0.21)	(-1.92)	(-1.92)	(-1.84)	(-1.84)
SIZE	0.1462 ***	0.1462 ***				
	(4.04)	(4.04)				
EPS	0.0130	0.0130				
	(0.34)	(0.34)				
LEV	0.1106	0.1106	-0.2205 ***	-0.2205 ***	0.2498 ***	0.2498 ***
	(0.92)	(0.92)	(-4.20)	(-4.20)	(3.56)	(3.56)
TAX	0.9593	0.9593				
	(1.39)	(1.39)				
ROA			-0.2783 **	-0.2783 **	0.8935 ***	0.8935 ***
			(-2.12)	(-2.12)	(7.50)	(7.50)
C	-1.2664 **	-1.2664 **	-0.2395	-0.2395	0.3618 **	0.3618 **
	(-2.13)	(-2.13)	(-1.25)	(-1.25)	(1.99)	(1.99)
Year&Industry	YES	YES	YES	YES	YES	YES
FE	YES	YES	YES	YES	YES	YES
R^2	0.09	0.09	0.45	0.45	0.64	0.64
F	13.04 ***	13.04 ***	52.36 ***	52.36 ***	188.36 ***	188.36 ***
FE	1.32 ***	1.32 ***	7.30 ***	7.30 ***	1.08 *	1.08 *
N (个)	3553	3553	2684	2684	3013	3013

5. 替换中介变量测度方式后的检验

本章基本回归基于公司货币资金和金融资产之和的自然对数测度财务资源弹性，以近三年应计盈余管理绝对值之和测度盈余管理程度。为增强检验结果的稳健性，本部分借鉴张会丽和吴有红（2012）的做法，以公司货币资金和金融资产持有总额的自然对数与同行业上市公司货币资金和金融资产平均持有总额的自然对数的差值，即公司超额货币资金和金融资产持有规模测度公司财务资源弹性，记为 OVERLIQUID；以琼斯模型测度公司操纵性应计利润，以其绝对值测度公司盈余管理程度，记为 ABSNDA。

表 6-22 所示为公司预算松弛对超额货币资金和金融资产持有规模 OVERLIQUID 以及操纵性应计盈余管理 ABSNDA 影响的检验结果。检验结果显示，预算达标公司的预算松弛与超额货币资金和金融资产持有规模显著正相关，与公司操纵性应计盈余管理负相关，进一步表明达标预算松弛有助于增强公司财务资源弹性，并且提高公司盈余质量。

表 6-22　预算松弛与超额资源持有、操纵性应计利润

变量	OVERLIQUID		ABSNDA	
	（1）	（2）	（3）	（4）
SLACK	-0.0412	0.0257	-0.0191 *	-0.0229 **
	（-0.75）	（0.49）	（-1.72）	（-2.29）
REACH-SLACK	0.0669 ***		-0.0039	
	（2.59）		（-0.98）	
unREACH-SLACK		-0.0669 ***		0.0039
		（-2.59）		（0.98）
SIGMA	0.0211 **	0.0141 *	0.0124 **	0.0245 **
	（2.62）	（1.72）	（2.53）	（2.47）

变量	OVERLIQUID		ABSNDA	
	（1）	（2）	（3）	（4）
DTURN	0.0141	0.0222	0.0325	0.0167
	（1.12）	（1.33）	（1.48）	（1.50）
SIZE	0.6722***	0.6722***	－0.0230	－0.0230
	（10.14）	（10.14）	（－1.20）	（－1.20）
EPS	0.0287	0.0287	0.0247*	0.0247*
	（0.36）	（0.36）	（1.81）	（1.81）
LEV	0.0321*	0.0417	0.0123	0.0321
	（1.71）	（1.54）	（1.61）	（1.47）
TAX	－1.4642	－1.4642	0.5893***	0.5893***
	（－0.82）	（－0.82）	（3.44）	（3.44）
C	－10.3662***	－10.3662***	0.3968	0.3968
	（－10.38）	（－10.38）	（1.41）	（1.41）
Year&Industry	YES	YES	YES	YES
FE	YES	YES	YES	YES
R^2	0.13	0.13	0.02	0.02
F	11.47***	11.47***	4.49***	4.49***
FE-test	10.21***	10.21***	1.54***	1.54***
N（个）	5026	5026	4686	4686

表6－23所示为公司超额货币资金和金融资产持有规模以及操纵性应计盈余管理对股价崩盘风险影响的检验结果。检验结果显示，公司超额货币资金和金融资产持有规模与公司股价崩盘风险显著负相关，操纵性应计盈余管理与公司股价崩盘风险显著正相关。结合前述检验结果，表明预算达标公司的预算松弛通过增加公司超额资源持有、降低盈余操纵程度，降低公司股价崩盘风险。

表 6 - 23 超额资源持有、操纵性应计利润与股价崩盘风险

变量	NCSKEW		DUVOL	
	(1)	(2)	(3)	(4)
SLACK	0.0112	- 0.0275	0.0236	- 0.0103
	(0.30)	(- 0.77)	(0.82)	(- 0.38)
REACH-SLACK	- 0.0387 *		- 0.0339 **	
	(- 1.80)		(- 2.03)	
unREACH-SLACK		0.0387 *		0.0339 **
		(1.80)		(2.03)
OVERLIQUID	- 0.0206	- 0.0206	- 0.0212 *	- 0.0212 *
	(- 1.38)	(- 1.38)	(- 1.88)	(- 1.88)
ABSNDA	0.2134 ***	0.2134 ***	0.1370 **	0.1370 **
	(2.78)	(2.78)	(2.34)	(2.34)
SIGMA	2.6172 ***	2.6172 ***	1.2820 **	1.2820 **
	(3.44)	(3.44)	(2.20)	(2.20)
DTURN	0.0606	0.0606	0.0603	0.0603
	(0.36)	(0.36)	(0.49)	(0.49)
SIZE	0.1339 ***	0.1339 ***	0.0915 ***	0.0915 ***
	(4.26)	(4.26)	(3.67)	(3.67)
EPS	0.0356	0.0356	0.0607 **	0.0607 **
	(1.02)	(1.02)	(2.26)	(2.26)
LEV	0.1911 *	0.1911 *	0.1517 **	0.1517 **
	(1.86)	(1.86)	(2.08)	(2.08)
TAX	0.5234	0.5234	0.1433	0.1433
	(0.83)	(0.83)	(0.29)	(0.29)
C	- 1.8732 ***	- 1.8732 ***	- 1.3128 ***	- 1.3128 ***
	(- 3.79)	(- 3.79)	(- 3.34)	(- 3.34)

续表

变量	NCSKEW		DUVOL	
	(1)	(2)	(3)	(4)
Year&Industry	YES	YES	YES	YES
FE	YES	YES	YES	YES
R^2	0.10	0.10	0.09	0.09
F	17.59***	17.59***	18.09***	18.09***
FE-test	1.27***	1.27***	1.23***	1.23***
N（个）	4351	4351	4351	4351

第七章 研究结论、对策建议与研究展望

一 研究结论

国内已有的研究大多从委托代理理论出发，认为预算松弛是管理层和委托人之间的代理问题产生的，预算松弛会歪曲资源配置，引起管理层的盈余管理行为，不利于公司的发展，并从公司特征、内部控制和治理结构等方面提出了相应的对策（潘飞和程明，2007；雒敏，2012）。但是预算松弛仍然是企业预算管理过程中不可避免的问题，预算松弛的问题没有得到解决，预算松弛在我国企业中普遍存在。

预算作为一种重要的管理控制工具，具有计划和控制功能。其中，计划功能包括资源分配等，能够为公司的投资活动优化资源配置；控制功能包括激励和考评等内容。如果同时发挥预算的计划功能和控制功能就会引发功能冲突，而预算松弛是预算功能冲突的结果。因此，国内学术界和理论界都从代理观视角出发，认为预算松弛是有害的，降低了公司的价值，增加了管理者的盈余管理活动等。

然而，在权变理论看来，预算松弛也可能是有益的。因为预算松弛能够增加管理层可支配的资源，管理层既可以将这些资源用于改善投资活动，应对外部环境的不确定性，从而提升企业的风险承担水平，也可以将之用于风险大、见效慢的研发项目，从而促进企业创新。另外，预算松弛带来的额外资源也可以增强管理层的资源配置能力和表内损失确认能力，并且提

高公司盈余质量，进而增强负面事件容纳能力，最终降低公司股价崩盘风险。

因此，本书基于中国上市公司披露的预算数据，以预算松弛为研究对象，分析了预算松弛对企业风险承担、企业创新和企业股价崩盘所产生的影响。对这些问题的分析和研究，有助于对预算松弛行为有更清晰的认识，以及进一步厘清预算松弛对公司产生影响的作用方式和机制路径，为分析预算松弛产生的经济后果提供相关的经验证据。

首先，实证分析表明，编制松弛的预算能够提升企业的风险承担水平，驱使管理层更注重公司长期利益，证实了预算松弛的有益论。同时，高管薪酬激励和在职消费均抑制了预算松弛对企业风险承担的积极作用。进一步研究发现：相对于国企，预算松弛对企业风险承担的积极作用在民企更明显；薪酬激励的抑制作用在民企表现得更明显；企业风险承担水平越高，越有可能通过编制松弛的预算来提升企业价值。

其次，预算松弛能显著抑制企业创新，但是高质量的会计信息降低了股东同管理层之间的信息不对称程度，进而削弱了预算松弛对企业创新的抑制作用。进一步按照产权性质和代理问题严重程度划分样本进行分析，发现预算松弛对企业创新的抑制作用在国企和代理问题严重的企业表现得更明显，而会计信息质量对二者的正向调节作用在民企和代理问题严重的企业表现得更明显。

最后，预算松弛会增强企业财务资源弹性、提高公司盈余质量。同时，预算松弛会通过影响企业财务资源弹性、盈余质量间接降低公司股价崩盘风险，这在管理层编制适度的、可实现的松弛预算时效果更显著。此外，预算松弛通过降低公司股价崩盘风险而提高公司市场溢价和促进市值增长，预算松弛由于增强公司财务资源弹性和提高公司盈余质量而降低公司市场溢价和抑制公司市值增长。

二　对策建议

基于研究结论，本书提出以下对策建议。

第一，为应对经营不确定性，支持适度的、可实现的预算松弛。由于经营环境不确定性，管理层需要具有一定弹性空间，紧缩的预算目标会增加管理层的业绩压力，可能会减弱管理层应对不确定性事件的灵活性。正如潘飞等（2008）指出，在我国转型经济的制度背景下，即使上市公司制定紧缩的预算目标，也并不能真正产生有效的激励作用并提高公司价值，而只是提高了企业的盈余管理水平；反而相对松弛的预算目标会提高公司盈余质量。因此，在企业预算管理中要注重引导管理层根据未来的经营不确定性制定适度的、可实现的预算目标，避免预算目标偏紧导致经营自主性减弱，从而无法应对突发事件。

第二，健全上市公司治理机制，减少公司代理问题。虽然理想情况下适度的、可实现的预算松弛可以增强经营管理弹性以及有助于应对股价崩盘风险，但是由于代理问题存在，预算松弛可能成为管理层扭曲资源配置和获得私利的手段，最终导致适度的、可实现的预算松弛向过度的、不可实现的预算松弛转变，反而增加无效资源投入、加大股价崩盘风险。同时，股价崩盘的根本原因在于委托代理下的管理层隐藏行为，适度的、可实现的预算松弛只是通过隐藏利好事件来应对负面事件暴露从而降低股价崩盘风险，并没有从根本上解决股价崩盘风险。综上分析，要想实现预算松弛管理和降低股价崩盘内在风险，还是要健全上市公司治理机制，确保公司各项管理活动服务于股东利益最大化、企业利益最大化或者社会效益最大化目标。

三 研究展望

中国上市公司预算松弛的研究方兴未艾，尤其是在中国企业愈加强调管理会计重要性的背景下，研究预算管理行为对公司各项经营决策的影响对于提高管理绩效和提升企业价值具有重大意义。本书从预算松弛影响企业风险承担、创新和股价崩盘的角度，研究了预算松弛的经济后果。未来还可以从以下方面进行深入研究。

（1）本书发现了预算松弛对企业风险承担、企业创新等的影响，那么预算松弛对公司其他经营决策会产生怎样的影响？如预算松弛对公司的营销策略、融资决策等会产生怎样的影响？

（2）预算松弛受公司内部治理环境的影响。预算松弛在什么样的公司能够更好地发挥优势？薪酬激励是预算松弛的动机之一。预算松弛程度不同的公司采用什么样的薪酬契约？这些契约是否有效？

（3）管理层不仅是预算松弛的决策者，还是预算松弛的执行者与监督者。在转型经济体中，如何激励管理层充分发挥预算松弛的正向激励作用？

（4）适度的预算松弛会降低公司股价崩盘风险，影响外部资本市场，那么分析师是否会关注公司的预算行为呢？

参考文献

[1] 安灵、沈青青:《高管权力、预算松弛与高管变更——基于职位壕沟效应与替代效应的经验研究》,《财会通讯》2016年第21期,第73~76页。

[2] 柴才、黄世忠、叶钦华:《竞争战略、高管薪酬激励与公司业绩——基于三种薪酬激励视角下的经验研究》,《会计研究》2017年第6期,第45~52页。

[3] 陈红兵、连玉君:《财务弹性对企业投资水平和投资效率的影响》,《经济管理》2013年第10期,第109~118页。

[4] 陈胜蓝、魏明海:《投资者保护与财务会计信息质量》,《会计研究》2006年第10期,第28~35页。

[5] 程新生、李春荠、朱琳红等:《参与式预算行为实验研究》,《会计研究》2008年第5期,第53~60页。

[6] 程新生、宋文洋、程菲:《高管员工薪酬差距、董事长成熟度与创造性产出研究》,《南京大学学报》(哲学·人文科学·社会科学版)2012年第7期,第47~59页。

[7] 崔学刚、谢志华、刘辉:《预算功能彰显及其绩效研究——基于我国企业预算管理调查问卷的实证检验》,《中国会计评论》2011年第2期,第173~190页。

[8] 董理、茅宁:《财务弹性问题前沿研究述评与未来展望》,《外国经济与管理》2013年第4期,第71~80页。

[9] 方军雄:《高管超额薪酬与公司治理决策》,《管理世界》2012年第11期,第144~155页。

[10] 高严、王建军:《预算松弛成因:基于预算目标特点的实证研究》,《新疆财经》2009年第1期,第64~67页。

[11] 顾小龙、李天钰、辛宇:《现金股利、控制权结构与股价崩溃风险》,《金融研究》2015 年第 7 期, 第 152~169 页。

[12] 郭瑾、刘志远、彭涛:《银行贷款对企业风险承担的影响: 推动还是抑制?》,《会计研究》2017 年第 2 期, 第 42~48 页。

[13] 韩美妮、王福胜:《会计信息质量对技术创新价值效应的影响研究》,《管理评论》2016 年第 10 期, 第 97~110 页。

[14] 郝颖、谢光华、石锐:《外部监管、在职消费与企业绩效》,《会计研究》2018 年第 8 期, 第 42~48 页。

[15] 何鑫萍、戴亦一、翁若宇:《传统宗教、市场化进程与企业风险承担》,《山西财经大学学报》2017 年第 3 期, 第 74~84 页。

[16] 黄海梅:《浅谈企业预算松弛管理》,《淮阴工学院学报》2004 年第 4 期, 第 60~62 页。

[17] 李明:《深化国库集中收付改革　创新财政资金管理模式》,《财政监督》2011 年第 24 期, 第 63 页。

[18] 李文贵、余明桂:《所有权性质、市场化进程与企业风险承担》,《中国工业经济》2012 年第 12 期, 第 115~127 页。

[19] 李小荣、刘行:《CEO vs CFO: 性别与股价崩盘风险》,《世界经济》2012 年第 12 期, 第 102~129 页。

[20] 李延喜、杜瑞、高锐等:《上市公司投资支出与融资约束敏感性研究》,《管理科学》2007 年第 1 期, 第 82~88 页。

[21] 连玉君、苏治:《融资约束、不确定性与上市公司投资效率》,《管理评论》2009 年第 1 期, 第 19~26 页。

[22] 刘浩、许楠、时淑慧:《内部控制的"双刃剑"作用——基于预算执行与预算松弛的研究》,《管理世界》2015 年第 12 期, 第 130~145 页。

[23] 刘浩、许楠、张然:《多业绩指标竞争与事前谈判: 高管

薪酬合约结构的新视角》,《管理世界》2014 年第 6 期,第 110~125 页。

[24] 刘俊勇、叶似剑、董琦:《激励方案、人格特质与预算松弛———项实验研究》,《经济管理》2019 年第 41 期,第 106~121 页。

[25] 刘元玲:《企业预算松弛与管理层短期行为的关系研究》,《商业会计》2016 年第 12 期,第 43~45 页。

[26] 刘志远、王存峰、彭涛、郭瑾:《政策不确定性与企业风险承担:机遇预期效应还是损失规避效应》,《南开管理评论》2017 年第 6 期,第 15~27 页。

[27] 柳佳:《棘轮效应下的预算松弛及对业绩评价影响的研究》,《时代经贸》2017 年第 16 期,第 19~21 页。

[28] 龙小海、田存志、段万春:《委托代理:经营者行为、会计信息鉴证和投资者》,《经济研究》2009 年第 9 期,第 140~151 页。

[29] 卢馨、郑阳飞、李建明:《融资约束对企业 R&D 投资的影响研究———来自中国高新技术上市公司的经验证据》,《会计研究》2013 年第 5 期,第 51~58 页。

[30] 锥敏:《公司特征、预算松弛与盈余管理》,《经济管理》2010 年第 4 期,第 129~137 页。

[31] 锥敏:《国家控制、债务融资与大股东利益侵占———基于沪深两市上市公司的经验证据》,《山西财经大学学报》2011 年第 3 期,第 107~115 页。

[32] 锥敏:《风险投资支持新能源产业的发展》,《能源研究与利用》2012 年第 3 期,第 25~27 页。

[33] 马春爱、张亚芳:《财务弹性与公司价值的关系》,《系统工程》2013 年第 11 期,第 35~39 页。

[34] 马德林、杨英:《股权结构、债务约束与高管薪酬——以

2008—2013 年上市公司为例》,《审计与经济研究》2015
年第 2 期, 第 72 ~ 82 页。

[35] 马勇:《全面预算管理失效的原因及其改进建议》,《河南
金融管理干部学院学报》2004 年第 1 期, 第 96 ~ 97 页。

[36] 潘飞、程明、汪婧:《上市公司预算松弛的影响因素及其对
公司业绩的影响》,《中国管理科学》2008 年第 4 期, 第
111 ~ 119 页。

[37] 潘飞、程明:《预算目标、薪酬契约与经理人激励》, 载
《中国会计学会 2006 年学术年会论文集》(中册), 2006。

[38] 潘飞、程明:《预算松弛的影响因素与经济后果——来自
我国上市公司的经验证据》,《财经研究》2007 年第 6
期, 第 55 ~ 66 页。

[39] 宋岩:《企业预算管理中的预算松弛问题研究》,《工业技
术经济》2001 年第 2 期, 第 58 ~ 59、40 页。

[40] 苏坤:《管理层股权激励、风险承担与资本配置效率》,
《管理科学》2015 年第 3 期, 第 14 ~ 25 页。

[41] 王桂萍:《"人本"思想在预算管理中的运用》,《中南民族
大学学报》(人文社会科学版) 2005 年第 S1 期, 第 2 页。

[42] 王宣人:《预算松弛原因及其对企业业绩影响的实证分
析》, 硕士学位论文, 新疆财经大学, 2011。

[43] 文硕、边维华:《国际会计研究的前沿课题》,《财务与会
计》1989 年第 7 期, 第 61 ~ 62 页。

[44] 吴粒、王芳芳、袁知柱:《报酬方案和资源分配对预算松
弛影响的实验研究: 基于调整型资源分配方式的一个检
验》,《南开管理评论》2012 年第 2 期, 第 151 ~ 160 页。

[45] 吴粒:《预算责任者声誉与道德认知对有限预算松弛影响
的研究》, 博士学位论文, 东北大学, 2012。

[46] 谢获宝、惠丽丽:《代理问题、公司治理与企业成本粘

性——来自我国制造业企业的经验证据》,《管理评论》2014 年第 12 期,第 142 ~ 159 页。

[47] 解维敏、唐清泉:《公司治理与风险承担——来自中国上市公司的经验证据》,《财经问题研究》2013 年第 1 期,第 91 ~ 97 页。

[48] 徐飞、花冯涛、李强谊:《投资者理性预期、流动性约束与股价崩盘传染研究》,《金融研究》2019 年第 6 期,第 169 ~ 187 页。

[49] 许云:《预算管理研究:历史、本质与预算松弛》,博士学位论文,厦门大学,2006。

[50] 晏艳阳、乔嗣佳、苑莹:《高管薪酬激励效果——基于投资 - 现金流敏感度的分析》,《中国工业经济》2015 年第 6 期,第 122 ~ 134 页。

[51] 叶建芳、何开刚、沈宇星:《预算考评、企业性质与 CEO 变更——基于我国 A 股市场的实证研究》,《会计研究》2014 年第 8 期,第 45 ~ 51 页。

[52] 于增彪、袁光华、刘桂英等:《关于集团公司预算管理系统的框架研究》,《会计研究》2004 年第 8 期,第 22 ~ 29 页。

[53] 余明桂、李文贵、潘红波:《管理者过度自信与企业风险承担》,《金融研究》2013 年第 1 期,第 149 ~ 163 页。

[54] 余绪缨:《试论现代管理会计中行为科学的引进与应用问题》,《厦门大学学报》(哲学社会科学版) 1990 年第 4 期,第 22 ~ 28 页。

[55] 翟月雷:《基于契约观的预算松弛治理研究》,博士学位论文,东北财经大学,2010。

[56] 张朝宓、卓毅、董伟等:《预算松弛行为的实验研究》,《管理科学学报》2004 年第 3 期,第 46 ~ 53 页。

[57] 张洪辉、章琳一:《产权差异、晋升激励与企业风险承

担》,《经济管理》2016 年第 5 期,第 110 ~ 121 页。

[58] 张会丽、吴有红:《超额现金持有水平与产品市场竞争优势——来自中国上市公司的经验证据》,《金融研究》2012 年第 2 期,第 183 ~ 195 页。

[59] 张敏、童丽静、许浩然:《社会网络与企业风险承担——基于我国上市公司的经验证据》,《管理世界》2015 年第 11 期,第 161 ~ 175 页。

[60] 张瑞君、程玲莎:《管理者薪酬激励、套期保值与企业价值——基于制造业上市公司的经验数据》,《当代财经》2013 第 12 期,第 117 ~ 128 页。

[61] 张先治、翟月雷:《基于风险偏好的报酬契约与预算松弛研究》,《财经问题研究》2009 年第 6 期,第 72 ~ 79 页。

[62] 张璇、刘贝贝、汪婷等:《信贷寻租、融资约束与企业创新》,《经济研究》2017 年第 5 期,第 161 ~ 174 页。

[63] 张祎:《秦皇岛市第一医院物资管理系统的设计与实现》,硕士学位论文,东北大学,2015。

[64] 郑石桥、丁凤:《声誉、预算差异调查对预算松弛影响研究》,《会计之友》(中旬刊)2010 年第 10 期,第 99 ~ 102 页。

[65] 郑石桥、王建军、冯莉:《资本预算方法的选择:一个权变理论基础的实证研究》,《北京工商大学学报》(社会科学版)2008 年第 2 期,第 67 ~ 71 页。

[66] 郑石桥、徐国强、邓柯等:《内部控制结构类型、影响因素及效果研究》,《审计研究》2009 年第 1 期,第 81 ~ 86 页。

[67] 祝红月:《浅析企业预算松弛》,《经济工作导刊》2003 年第 13 期,第 37 ~ 38 页。

[68] Acharya V. V. , Amihud Y. , Litov L. , "Creditor rights and corporate risk-taking," *Journal of Financial Economics*, 2011,

102 (1): 150 – 166.

[69] Almeida H. , Campello M. , "Financial constraints, asset tangibility, and corporate investment," *The Review of Financial Studies*, 2007, 20 (5): 1429 – 1460.

[70] Anthony R. N. , Govindarajan V. , *Management Control Systems* (McGraw-Hill/Irwin, 2000) .

[71] Antle R. , Fellingham J. , "Resource rationing and organizational slack in a two-period model," *Journal of Accounting Research*, 1990, 28 (1): 1 – 24.

[72] Argyris C. , "Diagnosing defenses against the outsider," *Journal of Social Issues*, 1952, 8 (3): 24 – 34.

[73] Argyris C. , "Double loop learning in organizations," *Harvard Business Review*, 1977, 55 (5): 115 – 125.

[74] Arthurs J. D. , et al. , "Managerial agents watching other agents: Multiple agency conflicts regarding underpricing in IPO firms," *Academy of Management Journal*, 2008, 51 (2): 277 – 294.

[75] Baiman S. , Evans J. H. , "Pre-decision information and participative management control systems," *Journal of Accounting Research*, 1983, 21 (2): 371 – 395.

[76] Baiman S. , May J. H. , Mukherji A. , "Optimal employment contracts and the returns to monitoring in a principal-agent context," *Contemporary Accounting Research*, 1990, 6 (2): 761 – 799.

[77] Balkin D. B. , Markman G. D. , Gomez-Mejia L. R. , "Is CEO pay in high-technology firms related to innovation?" *Academy of Management Journal*, 2000, 43 (6): 1118 – 1129.

[78] Ball R. , Kothari S. P. , Robin A. , "The effect of interna-

tional institutional factors on properties of accounting earnings," *Journal of Accounting and Economics*, 2000, 2 (1): 1 –51.

[79] Balseiro S. , et al. , "Budget management strategies in repeated auctions," Proceedings of the 26th International Conference on World Wide Web, 2017.

[80] Barsky A. , "Understanding the ethical cost of organizational goal-setting: A review and theory development," *Journal of Business Ethics*, 2008, 81 (1): 63 –81.

[81] Bates T. W. , Kahle K. M. , Stulz R. M. , "Why do US firms hold so much more cash than they used to?" *The Journal of Finance*, 2009, 64 (5): 1985 –2021.

[82] Berend I. T, "Transforming central Europe and the impact of globalization," *História e Economia*, 2006, 2 (1): 33 –54.

[83] Berle A. A. , Means G. C. , *The Modern Corporation and Private Property* (Transaction Publishers, 1932) .

[84] Bleck A. , Liu X. , "Market transparency and the accounting regime," *Journal of Accounting Research*, 2007, 45 (2): 229 –256.

[85] Bourgeois III L. J. , "On the measurement of organizational slack," *Academy of Management Review*, 1981, 6 (1): 29 –39.

[86] Brickley J. A. , Smith Jr. C. W. , Zimmerman J. L. , "Management fads and organizational architecture," *Journal of Applied Corporate Finance*, 1997, 10 (2): 24 –39.

[87] Brownell P. , McInnes M. , "Budgetary participation, motivation, and managerial performance," *The Accounting Review*, 1986, 61 (4): 587 –600.

[88] Brownell P. , "The role of accounting data in performance e-valuation, budgetary participation, and organizational effectiveness," *Journal of Accounting Research*, 1982, 20 (1): 12 – 27.

[89] Buzzi D. M. , et al. , "Relationship of budgetary slack with participation and emphasis on budget and information asymmetry," *Revista Universo Contabil*, 2014, 10 (1): 6 – 27.

[90] Byoun S. , "How and when do firms adjust their capital structures toward targets?" *The Journal of Finance*, 2008, 63 (6): 3069 – 3096.

[91] Cain M. D. , McKeon S. B. , "CEO personal risk-taking and corporate policies," *Journal of Financial and Quantitative Analysis*, 2016, 51 (1): 139 – 164.

[92] Cammann C. , Nadler D. A. , "Fit control systems to your managerial style," *Harvard Business Review*, 1976, 54 (1): 353 – 365.

[93] Carter M. R. , Zimmerman F. J. , "The dynamic cost and persistence of asset inequality in an agrarian economy," *Journal of Development Economics*, 2000, 63 (2): 265 – 302.

[94] Caves R. E. , et al. , "Fat: The displacement of nonproduction workers from US manufacturing industries," *Brookings Papers on Economic Activity: Microeconomics*, 1993, 1993 (2): 227 – 288.

[95] Chai S. , Kim M. , Rao H. R. , "Firms' information security investment decisions: Stock market evidence of investors' behavior," *Decision Support Systems*, 2011, 50 (4): 651 – 661.

[96] Chirinko R. S. , Fazzari S. M. , "Tobin's Q, non-constant returns to scale, and imperfectly competitive product mar-

kets," *Recherches Économiques de Louvain/Louvain Economic Review*, 1988, 54 (3): 259 –275.

[97] Chong K. M. , Mahama H. , "The impact of interactive and diagnostic uses of budgets on team effectiveness," *Management Accounting Research*, 2014, 25 (3): 206 –222.

[98] Chow C. W. , Cooper J. C. , Haddad K. , "The effects of pay schemes and ratchets on budgetary slack and performance: A multiperiod experiment," *Accounting, Organizations and Society*, 1991, 16 (1): 47 –60.

[99] Chow C. W. , Cooper J. C. , Waller W. S. , "Participative budgeting: Effects of a truth-inducing pay scheme and information asymmetry on slack and performance," *Accounting Review*, 1988, 63 (1): 111 –122.

[100] Christensen J. , "The determination of performance standards and participation," *Journal of Accounting Research*, 1982, 20 (2): 589 –603.

[101] Collins F. , "The interaction of budget characteristics and personality variables with budgetary response attitudes," *The Accounting Review*, 1978, 53 (2): 324 –335.

[102] Cook G. L. , Eining M. M. , "Will cross functional information systems work?" *Strategic Finance*, 1993, 74 (8): 53.

[103] Cyert R. M. , March J. G. , *A Behavioral Theory of the Firm* (Social Science Electronic Publishing, 1963) .

[104] Dechow P. M. , Dichev I. D. , "The quality of accruals and earnings: The role of accrual estimation errors," *The Accounting Review*, 2002, 77 (s1): 35 –59.

[105] Dechow P. M. , et al. , "Predicting material accounting misstatements," *Contemporary Accounting Research*, 2011, 28

(1): 17 – 82.

[106] DeFond M. L. , et al. , "Does mandatory IFRS adoption affect crash risk?" *The Accounting Review*, 2015, 90 (1): 265 – 299.

[107] De Long J. B. , Summers L. H. , "Equipment investment and economic growth," *The Quarterly Journal of Economics*, 1991, 106 (2): 445 – 502.

[108] Dunk A. S. , Nouri H. , "Antecedents of budgetary slack: A literature review and synthesis," *Journal of Accounting Literature*, 1998, 17: 72 – 96.

[109] Dunk A. S. , "The effect of budget emphasis and information asymmetry on the relation between budgetary participation and slack," *The Accounting Review*, 1993, 68 (2): 400 – 410.

[110] Evans G. E. , "The in's and out's of library budget preparation," *The Bottom Line*, 2001, 14 (1): 19 – 23.

[111] Faccio M. , Marchica M. -T. , Mura R. , "Large shareholder diversification and corporate risk-taking," *The Review of Financial Studies*, 2011, 24 (11): 3601 – 3641.

[112] Fama E. F. , Jensen M. C. , "Separation of ownership and control," *The Journal of Law and Economics*, 1980, 26 (2): 301 – 325.

[113] Fisher J. G. , et al. , "Using budgets for performance evaluation: Effects of resource allocation and horizontal information asymmetry on budget proposals, budget slack, and performance," *The Accounting Review*, 2002, 77 (4): 847 – 865.

[114] Fried Y. , Slowik L. H. , "Enriching goal-setting theory with time: An integrated approach," *Academy of Management Review*, 2004, 29 (3): 404 – 422.

[115] Gabriel R. A. , Savage P. L. , *Crisis in Command: Mismanagement in the Army* (Macmillan, 1978) .

[116] Galinsky A. D. , Mussweiler T. , Medvec V. H. , "Disconnecting outcomes and evaluations: The role of negotiator focus," *Journal of Personality and Social Psychology*, 2002, 83 (5): 1131 – 1140.

[117] Greenberg P. S. , Greenberg R. H. , Nouri H. , "Participative budgeting: A meta-analytic examination of methodological moderators," *Journal of Accounting Literature*, 1994, 13.

[118] Grinyer P. , Al-Bazzaz S. , Yasai-Ardekani M. , "Towards a contingency theory of corporate planning: Findings in 48 UK companies," *Strategic Management Journal*, 1986, 7 (1): 3 – 28.

[119] Guo H. , Xu E. , Jacobs M. , "Managerial political ties and firm performance during institutional transitions: An analysis of mediating mechanisms," *Journal of Business Research*, 2014, 67 (2): 116 – 127.

[120] Hall B. H. , Lerner J. , "The financing of R&D and innovation," *Handbook of the Economics of Innovation*, 2010, 1 (8): 609 – 639.

[121] Hofstede G. H. , Knight K. , "The game of budget control," *Journal of the Operational Research Society*, 1969, 20 (3): 388 – 390.

[122] Hong H. A. , Kim J. -B. , Welker M. , " Divergence of cash flow and voting rights, opacity, and stock price crash risk: International evidence," *Journal of Accounting Research*, 2017, 55 (5): 1167 – 1212.

[123] Hopwood A. G. , "Discussion of an empirical study of the

role of accounting data in performance evaluation: A reply," *Journal of Accounting Research*, 1972, 10: 189 – 193.

[124] Hutton A. P. , Marcus A. J. , Tehranian H. , "Opaque financial reports, R^2, and crash risk," *Journal of Financial Economics*, 2009, 94 (1): 67 – 86.

[125] Hutton T. A. , *The New Economy of the Inner City: Restructuring, Regeneration and Dislocation in the 21st Century Metropolis* (Routledge, 2009) .

[126] Ijiri Y. , "On budgeting principles and budget-auditing standards," *The Accounting Review*, 1968, 43 (4): 662 – 667.

[127] Jensen M. C. , *Foundations of Organizational Strategy* (Harvard University Press, 2001) .

[128] Jensen M. C. , "Paying people to lie: The truth about the budgeting process," *European Financial Management*, 2003, 9 (3): 379 – 406.

[129] Jensen M. C. , Meckling W. H. , "Theory of the firm: Managerial behavior, agency costs and ownership structure," *Journal of Financial Economics*, 1976, 3 (4): 305 – 360.

[130] Jensen M. C. , Murphy K. J. , "Performance pay and top-management incentives," *Journal of Political Economy*, 1990, 98 (2): 225 – 264.

[131] Jin L. , Myers S. C. , "R^2 around the world: New theory and new tests," *Journal of Financial Economics*, 2006, 79 (2): 257 – 292.

[132] John K. , Litov L. , Yeung B. , "Corporate governance and risk-taking," *The Journal of Finance*, 2008, 63 (4): 1679 – 1728.

[133] Kafouros M. I. , "Economic returns to industrial research,"

Journal of Business Research, 2008, 61 (8): 868 –876.

[134] Kempf A. , Ruenzi S. , Thiele T. , "Employment risk, compensation incentives, and managerial risk taking: Evidence from the mutual fund industry," *Journal of Financial Economics*, 2009, 92 (1): 92 –108.

[135] Khurana D. , Chaudhary R. , "Optimal pricing and ordering policy for deteriorating items with price and stock dependent demand and partial backlogging," *Uncertain Supply Chain Management*, 2016, 4 (4): 307 –318.

[136] Kim E. H. , Lu Y. , "CEO ownership, external governance, and risk-taking," *Journal of Financial Economics*, 2011, 102 (2): 272 –292.

[137] Kim I. , "Directors' and officers' insurance and opportunism in accounting choice," *Accounting & Taxation*, 2015, 7 (1): 51 –65.

[138] Kim J. -B. , et al. , "Press freedom, externally-generated transparency, and stock price informativeness: International evidence," *Journal of Banking & Finance*, 2014, 46: 299 –310.

[139] Kim J. -B. , Zhang L. , "Accounting conservatism and stock price crash risk: Firm-level evidence," *Contemporary Accounting Research*, 2016a, 33 (1): 412 –441.

[140] Kim C. , Zhang L. , "Corporate political connections and tax aggressiveness," *Contemporary Accounting Research*, 2016b, 33 (1): 78 –114.

[141] Kim J. H. , Shamsuddin A. , Lim K. -P. , "Stock return predictability and the adaptive markets hypothesis: Evidence from century-long US data," *Journal of Empirical Finance*,

2011a, 18 (5): 868 – 879.

[142] Kim J. -B., Li Y., Zhang L., "Corporate tax avoidance and stock price crash risk: Firm-level analysis," *Journal of Financial Economics*, 2011b, 100 (3): 639 – 662.

[143] Knight D., Durham C. C., Locke E. A., "The relationship of team goals, incentives, and efficacy to strategic risk, tactical implementation, and performance," *Academy of Management Journal*, 2001, 44 (2): 326 – 338.

[144] Kohlmeyer III J. M., et al., "Leadership, budget participation, budgetary fairness, and organizational commitment," in *Advances in Accounting Behavioral Research* (Emerald Group Publishing Limited, 2014), pp. 95 – 118.

[145] Kren L., Liao W. M., "The role of accounting information in the control of organizations: A review of the evidence," *Journal of Accounting Literature*, 1988, 7: 280 – 309.

[146] LaFond R., Watts R. L., "The information role of conservatism," *The Accounting Review*, 2008, 83 (2): 447 – 478.

[147] Larrick R. P., Heath C., Wu G., "Goal-induced risk taking in negotiation and decision making," *Social Cognition*, 2009, 27 (3): 342 – 364.

[148] Latham G. P., Kinne S. B., "Improving job performance through training in goal setting," *Journal of Applied Psychology*, 1974, 59 (2): 187 – 191.

[149] Leibenstein H., "A branch of economics is missing: Micromicro theory," *Journal of Economic Literature*, 1979, 17 (2): 477 – 502.

[150] Leibenstein H., "Microeconomics and X-efficiency theory," *The Public Interest*, 1980: 97.

[151] Libby T. , "Referent cognitions and budgetary fairness: A research note," *Journal of Management Accounting Research*, 2001, 13 (1): 91 – 105.

[152] Lin B. -W. , Chen J. -S. , "Corporate technology portfolios and R&D performance measures: A study of technology intensive firms," *R&D Management*, 2005, 35 (2): 157 – 170.

[153] Lindquist T. M. , "Fairness as an antecedent to participative budgeting: Examining the effects of distributive justice, procedural justice and referent cognitions on satisfaction and performance," *Journal of Management Accounting Research*, 1995, 7: 122 – 147.

[154] Little H. T. , Magner N. R. , Welker R. B. , "The fairness of formal budgetary procedures and their enactment: Relationships with managers' behavior," *Group & Organization Management*, 2002, 27 (2): 209 – 225.

[155] Locke E. A. , Latham G. P. , *A Theory of Goal Setting & Task Performance* (Prentice-Hall Inc. , 1990) .

[156] Locke E. A. , Latham G. P. , "Building a practically useful theory of goal setting and task motivation: A 35-year odyssey," *American Psychologist*, 2002, 57 (9): 705 – 717.

[157] Locke E. A. , Latham G. P. , "New directions in goal-setting theory," *Current Directions in Psychological Science*, 2006, 15 (5): 265 – 268.

[158] Love E. G. , Nohria N. , "Reducing slack: The performance consequences of downsizing by large industrial firms, 1977 – 93," *Strategic Management Journal*, 2005, 26 (12): 1087 – 1108.

[159] Lowe E. A. , Shaw R. W. , "An analysis of managerial bia-sing: Evidence from a company's budgeting process," *Journal of Management Studies*, 1968, 5 (3): 304 – 315.

[160] Lukka K. , "Budgetary biasing in organizations: Theoretical framework and empirical evidence," *Accounting, Organizations and Society*, 1988, 13 (3): 281 – 301.

[161] Majumdar S. K. , Venkataraman S. , "New technology adop-tion in US telecommunications: The role of competitive pres-sures and firm-level inducements," *Research Policy*, 1993, 22 (5 – 6): 521 – 536.

[162] Mann L. K. , Johnson D. W. , West D. C. , et al. , "Effects of whole-tree and stem-only clearcutting on postharvest hydro-logic losses, nutrient capital, and regrowth," *Forest Science*, 1988, 34 (2): 412 – 428.

[163] Mansfield E. , "Size of firm, market structure, and innova-tion," *Journal of Political Economy*, 1963, 71 (6): 556 – 576.

[164] Merchant K. A. , "Budgeting and the propensity to create budgetary slack," *Accounting, Organizations and Society*, 1985, 10 (2): 201 – 210.

[165] Merchant K. A. , Manzoni J. -F. , "The achievability of budget targets in profit centers: A field study," in *Readings in Ac-counting for Management Control* (Boston, MA: Springer US, 1989), pp. 496 – 520.

[166] Milani K. , "The relationship of participation in budget-set-ting to industrial supervisor performance and attitudes: A field study," *The Accounting Review*, 1975, 50 (2): 274 – 284.

[167] Moene K. O. , "Types of bureaucratic interaction," *Journal of Public Economics*, 1986, 29 (3): 333 – 345.

[168] Nohria N. , Gulati R. , "Is slack good or bad for innovation?" *Academy of Management Journal*, 1996, 39 (5): 1245 – 1264.

[169] Nonaka I. , Takeuchi H. , *The Knowledge-Creating Company* (Oxford University Press, 1995).

[170] Onis M. , "Factor analysis of behavioral variables affecting budgetary slack," *American Accounting Association*, 1973, 48 (3): 535 – 548.

[171] Ordóñez L. D. , et al. , "Goals gone wild: The systematic side effects of overprescribing goal setting," *Academy of Management Perspectives*, 2009, 23 (1): 6 – 16.

[172] Otley D. T. , "Budget use and managerial performance," *Journal of Accounting Research*, 1978, 16 (1): 122 – 149.

[173] Otley D. T. , "Performance management: A framework for management control systems research," *Management Accounting Research*, 1999, 10 (4): 363 – 382.

[174] Otley D. , "The contingency theory of management accounting and control: 1980 – 2014," *Management Accounting Research*, 2016, 31: 45 – 62.

[175] Pavitt K. , "What we know about the strategic management of technology," *California Management Review*, 1990, 32 (3): 17 – 26.

[176] Penno M. , "Asymmetry of pre-decision information and managerial accounting," *Journal of Accounting Research*, 1984, 22 (1): 177 – 191.

[177] Rajan R. G. , Wulf J. , "Are perks purely managerial excess?"

Journal of Financial Economics, 2006, 79 (1): 1 –33.

[178] Rao K. T. V. , Joshi B. P. , Khurana I. , "Capital structure determinants: Empirical evidence from listed manufacturing firms in India," *Pacific Business Review International*, 2017, 10 (4): 17 –21.

[179] Richardson S. A. , et al. , "The implications of accounting distortions and growth for accruals and profitability," *The Accounting Review*, 2006, 81 (3): 713 –743.

[180] Rosenberg N. , "Innovation and economic growth," in *Innovation and Growth in Tourism* (OECD, 2006), pp. 43 –52.

[181] Ross A. , "Job related tension, budget emphasis and uncertainty: A research note," *Management Accounting Research*, 1995, 6 (1): 1 –11.

[182] Sadath A. C. , Acharya R. H. , "Effects of energy price rise on investment: Firm level evidence from Indian manufacturing sector," *Energy Economics*, 2015, 49: 516 –522.

[183] Sampson R. C. , "R&D alliances and firm performance: The impact of technological diversity and alliance organization on innovation," *Academy of Management Journal*, 2007, 50 (2): 364 –386.

[184] Schiff M. , Lewin A. Y. , "When traditional budgeting fails," *Management Review*, 1968, 57 (8): 6 –18.

[185] Schweitzer M. E. , Ordóñez L. , Douma B. , "Goal setting as a motivator of unethical behavior," *Academy of Management Journal*, 2004, 47 (3): 422 –432.

[186] Senteney D. L. , Gao H. , Bazaz M. S. , "The differential effect of directional unexpected earnings and post-earnings announcement drift behaviour," *International Journal of Ac-*

counting, *Auditing and Performance Evaluation*, 2004, 1 (2): 143 – 163.

[187] Shen S., Jiang H., Zhang T., "Stock market forecasting using machine learning algorithms," Department of Electrical Engineering, Stanford University, 2012.

[188] Shields M. D., Young S. M., "Antecedents and consequences of participative budgeting: Evidence on the effects of asymmetrical information," *Journal of Management Accounting Research*, 1993, 5: 265 – 280.

[189] Snell J. A., Schweiger M., Quinlan-Watson S., "Elastic stockings in the control of hand oedema," *Medical Journal of Australia*, 1979, 1 (10).

[190] Sorescu A. B., Chandy R. K., Prabhu J. C., "Sources and financial consequences of radical innovation: Insights from pharmaceuticals," *Journal of Marketing*, 2003, 67 (4): 82 – 102.

[191] Staw B. M., Boettger R. D., "Task revision: A neglected form of work performance," *Academy of Management Journal*, 1990, 33 (3): 534 – 559.

[192] Staw B. M., "The escalation of commitment to a course of action," *Academy of Management Review*, 1981, 6 (4): 577 – 587.

[193] Steel R. P., Mento A. J., "Impact of situational constraints on subjective and objective criteria of managerial job performance," *Organizational Behavior and Human Decision Processes*, 1986, 37 (2): 254 – 265.

[194] Stevens D. E., "The effects of reputation and ethics on budgetary slack," *Journal of Management Accounting Research*,

2002, 14 (1): 153 – 171.

[195] Su C. -C. , Ni F. -Y. , "Budgetary participation and slack on the theory of planned behavior," *International Journal of Organizational Innovation*, 2013, 5 (4): 91 – 99.

[196] Tijssen R. J. W. , van Wijk E. , "In search of the European Paradox: An international comparison of Europe's scientific performance and knowledge flows in information and communication technologies research," *Research Policy*, 1999, 28 (5): 519 – 543.

[197] Vander Bauwhede H. , Willekens M. , "Earnings management and institutional differences: Literature review and discussion," *Tijdschrift voor Economie en Management*, 2000 (2): 189 – 212.

[198] van der Stede W. A. , "The relationship between two consequences of budgetary controls: Budgetary slack creation and managerial short-term orientation," *Accounting, Organizations and Society*, 2000, 25 (6): 609 – 622.

[199] Waller W. S. , "Slack in participative budgeting: The joint effect of a truth-inducing pay scheme and risk preferences," *Accounting, Organizations and Society*, 1988, 13 (1): 87 – 98.

[200] Webb A. , "The impact of reputation and variance investigations on the creation of budget slack," *Accounting, Organizations and Society*, 2002, 27 (4 – 5): 361 – 378.

[201] Weitzman P. , "Mobile homes: High cost housing in the low income market," *Journal of Economic Issues*, 1976, 10 (3): 576 – 597.

[202] Williamson O. , "Managerial discretion and business behav-

ior," *The American Economic Review*, 1963, 53 (5):
1032 – 1057.

[203] Williamson O. , *Economic Institutions of Capitalism* (The
Free Press, 1985).

[204] Williamson O. , "Economics and organization: A primer,"
California Management Review, 1996, 38 (2): 131 – 146.

[205] Wright C. W. , "The nature and objectives of economic his-
tory," *Journal of Political Economy*, 1938, 46 (5):
688 – 701.

[206] Yang M. -L. , Wang A. M. -L. , Cheng K. -C. , "The impact
of quality of IS information and budget slack on innovation
performance," *Technovation*, 2009, 29 (8): 527 – 536.

[207] Young S. M. , "Participative budgeting: The effects of risk a-
version and asymmetric information on budgetary slack,"
Journal of Accounting Research, 1985, 23 (2): 829 – 842.

[208] Yuen D. C. Y. , Cheung K. C. C. , "Impact of participation in
budgeting and information asymmetry on managerial perform-
ance in the Macau service sector," *Journal of Applied Man-
agement Accounting Research*, 2003, 1 (2): 65 – 78.

[209] Zajac E. J. , Bazerman M. H. , "Blind spots in industry and
competitor analysis: Implications of interfirm (mis) percep-
tions for strategic decisions," *Academy of Management Re-
view*, 1991, 16 (1): 37 – 56.

[210] Zhu W. , "Accruals and price crashes," *The Review of Ac-
counting Studies*, 2016, 21: 349 – 399.

图书在版编目（CIP）数据

企业预算松弛的经济后果 / 余思明著. -- 北京：
社会科学文献出版社，2023.12
ISBN 978 - 7 - 5228 - 2482 - 6

Ⅰ.①企⋯　Ⅱ.①余⋯　Ⅲ.①企业管理 - 预算管理 -
研究　Ⅳ.①F275

中国国家版本馆 CIP 数据核字（2023）第 172649 号

企业预算松弛的经济后果

著　　者 / 余思明

出 版 人 / 冀祥德
组稿编辑 / 陈凤玲
责任编辑 / 田　康
责任印制 / 王京美

出　　版 / 社会科学文献出版社·经济与管理分社　（010）59367226
　　　　　　地址：北京市北三环中路甲 29 号院华龙大厦　邮编：100029
　　　　　　网址：www. ssap. com. cn
发　　行 / 社会科学文献出版社（010）59367028
印　　装 / 三河市东方印刷有限公司

规　　格 / 开　本：889mm × 1194mm　1/32
　　　　　　印　张：5.625　字　数：139 千字
版　　次 / 2023 年 12 月第 1 版　2023 年 12 月第 1 次印刷
书　　号 / ISBN 978 - 7 - 5228 - 2482 - 6
定　　价 / 98.00 元

读者服务电话：4008918866